Contra Tales Cosas
No Hay Ley

El Fruto del Espíritu

Contra Tales Cosas No Hay Ley

Dr. Jaerock Lee

Contra Tales Cosas No Hay Ley, escrito por Dr. Jaerock Lee
Publicado por Libros Urim (Representante: Kyungtae Noh)
73, Yeouidaebang-ro 22-gil, Dongjak-gu, Seúl, Corea
www.urimbooks.com

Todos los derechos reservados. Ninguna parte de esta publicación podrá ser reproducida, procesada en algún sistema que la pueda reproducir o transmitida en alguna forma o por algún medio electrónico, mecánico, fotocopia, cinta magnetofónica u otro sin el permiso previo por escrito de los editores.

A menos que lo indique, el texto Bíblico ha sido tomado de la versión Reina-Valera © 1960 Sociedades Bíblicas en América Latina; © renovado 1988 Sociedades Bíblicas Unidas. Utilizado con permiso. Reina-Valera 1960™ es una marca registrada de la American Bible Society, y puede ser usada solamente bajo licencia. Usado con permiso.

Derechos de autor © 2016 por el Dr. Jaerock Lee
ISBN: 979-11-263-0054-9   03230
Derechos de traducción al inglés © 2014 por la Dra. Esther K. Chung.
Usado con permiso.

Primera publicación: febrero de 2016

Publicación previa: Corea 2009 por Libros Urim en Seúl, Corea

Editado por el Dr. Geumsun Vin
Diseñado por el Departamento Editorial de Libros Urim
Para mayor información contáctese con urimbook@hotmail.com

*"Mas el fruto del Espíritu
es amor, gozo, paz, paciencia,
benignidad, bondad, fidelidad, mansedumbre,
dominio propio; contra tales cosas no hay ley."*

Gálatas 5:22-23 LBLA

Prefacio

Los cristianos obtienen la verdadera libertad ya que llevan los frutos del Espíritu Santo, contra los cuales no hay ley.

Todas las personas deben seguir reglas y normas en las circunstancias dadas a cada uno. Si sienten que tales leyes son como grilletes que los atan, se sentirán agobiadas y con dolor. Y solo porque se sienten agobiadas, si van tras el libertinaje y el desorden, no significa que tienen libertad. Después de que se complacen a sí mismos en tales cosas, se quedan solo con la sensación de vanidad, y finalmente, solo les espera la muerte eterna.

La verdadera libertad es ser libre de la muerte eterna y del llanto, el dolor y el sufrimiento. Es además controlar la naturaleza original que nos da tales cosas y obtener el poder para someterlas. El Dios de amor no quiere que nosotros suframos de ninguna manera, y por esta razón Él registró en la Biblia el camino para disfrutar de la vida eterna y la libertad verdadera.

Los criminales o aquellos que quebrantan la ley de un país, se ponen nerviosos si ven a un oficial de policía. Sin embargo, aquellos que moran bien en la ley no tienen que sentirse de esta manera, al contrario, siempre pueden pedirle ayuda a un policía y sentirse seguros con ellos.

De la misma manera, aquellos que viven en la verdad no tienen miedo de nada y disfrutan de verdadera libertad porque entienden que la ley de Dios es la ruta para las bendiciones. Pueden disfrutar de la libertad como las ballenas que nadan en el océano y las águilas que vuelan en el cielo.

La ley de Dios puede ser en gran medida clasificada en cuatro cosas. Nos dice qué debemos hacer, las cosas que no debemos hacer, las cosas que debemos guardar y las cosas de las cuales debemos despojarnos. A medida que pasan los días, el mundo se tiñe cada vez más con los pecados y la maldad y, por esta razón, cada vez más personas se sienten molestas por la ley de Dios y no la guardan. El pueblo de Israel, durante el tiempo del Antiguo Testamento, sufrió en gran manera cuando no guardaba la Ley de Moisés.

Por lo tanto, Dios envió a Jesús a este mundo y liberó a todos de la maldición de la Ley. Luego, Jesús, quien no tenía pecado, murió en la cruz, para que todo aquel que creyera en Él pudiera ser salvo por medio de la fe. Cuando las personas reciben el don del

Espíritu Santo al aceptar a Jesucristo, se convierten en hijos de Dios y además pueden producir los frutos del Espíritu Santo con Su guía.

Cuando el Espíritu Santo entra a nuestro corazón, nos ayuda a poder entender las cosas profundas de Dios y vivir por Su Palabra. Por ejemplo: cuando existe alguien a quien en realidad no podemos perdonar, Él nos recuerda del perdón y amor del Señor y nos ayuda a perdonar a dicha persona. Entonces, podremos rápidamente desechar la maldad de nuestro corazón y reemplazarla con bondad y amor. De esta manera, a medida que producimos los frutos del Espíritu Santo a través de Su guía, no solo disfrutaremos de la libertad de la verdad sino también recibiremos abundante amor y bendiciones de parte de Dios.

Por medio del fruto del Espíritu, podemos examinar nuestras vidas y ver cuán santificados estamos y cuán cerca podemos estar del trono de Dios, y en qué medida hemos cultivado el corazón del Señor, nuestro novio. Mientras más sean los frutos del Espíritu que podamos producir, más hermosa será la morada celestial en la que entraremos. Para poder llegar a la Nueva Jerusalén en el Cielo, debemos tener por completo y de manera hermosa todos los frutos, y no solo unos pocos.

Esta obra, *Contra Tales Cosas No Hay Ley,* le permite comprender fácilmente el significado espiritual de los nueve frutos del Espíritu Santo, junto con ejemplos concretos. Junto con el amor espiritual en 1 Corintios 13, y las Bienaventuranzas de Mateo 5, los frutos del Espíritu Santo son una señal que nos guía a la fe correcta; nos guiarán hasta que podamos alcanzar nuestro destino final de la fe, la Nueva Jerusalén.

Quiero agradecer especialmente a Geumsun Vin, Director del Departamento Editorial y a su equipo de trabajo. Ruego en el nombre del Señor que usted pueda rápidamente producir los nueve frutos del Espíritu Santo por medio de este libro, para que pueda disfrutar verdadera libertad y convertirse en residente de la Nueva Jerusalén.

Jaerock Lee

Introducción

Una señal en el camino de la fe hacia la Nueva Jerusalén en el Cielo

Todas las personas están ocupadas en este mundo moderno; trabajan y se sacrifican para poder llegar a tener y disfrutar de muchas cosas. Y sin embargo, algunas personas todavía tienen algunas metas en la vida a pesar de la tendencia del mundo, pero incluso estas personas de vez en cuando podrían preguntarse si realmente están viviendo una vida adecuada. Quizás entonces examinen sus vidas en ese momento. En nuestro viaje de la fe podemos tener un crecimiento rápido y tomar un atajo hacia el reino de los cielos cuando examinamos nuestras vidas con la Palabra de Dios.

Capítulo 1: 'Producir el fruto del Espíritu.' Explica acerca del Espíritu Santo que revive al espíritu muerto, el cual ha muerto debido al pecado de Adán. Nos dice que podemos tener en abundancia los frutos del Espíritu Santo cuando seguimos los deseos del Espíritu Santo.

Capítulo 2: 'Amor.' Nos habla acerca del primer fruto del

Espíritu y de lo que se trata. Además de ello, nos muestra algunas formas corruptas del amor desde la caída de Adán, y nos da la manera de cultivar el amor que le place a Dios.

Capítulo 3: 'Gozo.' Nos habla acerca de la alegría que es la norma principal con la que podemos comprobar si nuestra fe es adecuada, y explica la razón por la que hemos perdido la alegría del primer amor. Nos habla acerca de las tres maneras de alcanzar el fruto del gozo, con el cual podemos regocijarnos y alegrarnos en cualquier tipo de circunstancias y situaciones.

Capítulo 4: 'Paz.' Señala que es importante derribar los muros de los pecados para tener paz con Dios, y que tenemos que mantener la paz con nosotros mismos, al igual que con el resto de personas. También nos permite entender la importancia de hablar palabras de bondad y pensar desde el punto de vista de otras personas en el proceso de tener paz.

Capítulo 5: 'Paciencia.' Este capítulo explica que la verdadera paciencia no es solo contener los resentimientos sino ser paciente con un buen corazón que está libre del mal, y que obtendremos grandes bendiciones cuando tenemos paz verdadera. Además de ello, profundiza en tres clases de paciencia: paciencia para cambiar el corazón de uno, paciencia con la gente y paciencia con respecto a Dios.

Capítulo 6: 'Benignidad.' Nos enseña acerca de qué tipo de personas tienen benignidad con el ejemplo del Señor. Al examinar las características de la benignidad, también nos habla acerca de la diferencia con el 'amor.' Finalmente, nos muestra la manera de recibir el amor y las bendiciones de Dios.

Capítulo 7: 'Bondad.' Nos enseña acerca del corazón bondadoso con el ejemplo del Señor quien no peleó ni gritó; no quiebra la caña cascada ni tampoco apaga el pábilo que humea. También distingue la bondad de otros frutos, para que podamos llevar el fruto de la bondad y dar la fragancia de Cristo.

Capítulo 8: 'Fidelidad.' Este capítulo nos enseña acerca de los tipos de bendiciones que recibimos cuando somos fieles en toda la casa de Dios. Con el ejemplo de Moisés y José, permite que podamos entender qué tipo de persona tiene el fruto de la fidelidad.

Capítulo 9: 'Mansedumbre.' Nos explica acerca del significado de la mansedumbre desde el punto de vista de Dios, y describe las características de aquellos que han producido el fruto de la mansedumbre. Nos da la ilustración de los cuatro tipos de tierra en cuanto a lo que debemos hacer para llevar el fruto de la mansedumbre. Finalmente nos habla acerca de las bendiciones de la mansedumbre.

Capítulo 10: 'Dominio propio.' Demuestra la razón por la cual el dominio propio es nombrado como el último fruto de los nueve frutos del Espíritu Santo, así como la importancia del dominio propio. El fruto del dominio propio es algo indispensable y es el que ejerce el control sobre todos los otros ocho frutos del Espíritu Santo.

Capítulo 11: 'Contra tales cosas no hay ley.' Es la conclusión de este libro. Nos ayuda a comprender la importancia de seguir al Espíritu Santo, y desea que todos los lectores se puedan convertir rápidamente en los hombres de espíritu completo con la ayuda del

Espíritu Santo.

No podemos decir que poseemos mucha fe simplemente porque hemos sido creyentes durante un largo período de tiempo o porque tenemos un amplio conocimiento de la Biblia. La medida de la fe se discierne por la medida en la que hemos cambiado nuestros corazones al corazón de la verdad, y de lo mucho que hemos cultivado el corazón del Señor.

Es mi anhelo que cada lector pueda examinar su fe y que de manera abundante puedan producir los nueve frutos del Espíritu Santo mediante la guía del Espíritu Santo.

Geumsun Vin,
Director del Departamento Editorial

Tabla de Contenidos
Contra Tales Cosas No Hay Ley

Prefacio · vii

Introducción · xi

Capítulo 1
Producir el fruto del Espíritu — 1

Capítulo 2
Amor — 13

Capítulo 3
Gozo — 29

Capítulo 4
Paz — 49

Capítulo 5
Paciencia — 71

Capítulo 6
Benignidad 91

Capítulo 7
Bondad 109

Capítulo 8
Fidelidad 129

Capítulo 9
Mansedumbre 149

Capítulo 10
Dominio propio 173

Capítulo 11
Contra tales cosas no hay ley 189

Gálatas 5:16-21

"Digo, pues: Andad en el Espíritu,

y no satisfagáis los deseos de la carne.

Porque el deseo de la carne es contra el Espíritu,

y el del Espíritu es contra la carne; y éstos se oponen entre sí,

para que no hagáis lo que quisiereis.

Pero si sois guiados por el Espíritu, no estáis bajo la ley.

Y manifiestas son las obras de la carne, que son: adulterio,

fornicación, inmundicia, lascivia, idolatría, hechicerías,

enemistades, pleitos, celos, iras, contiendas, disensiones,

herejías, envidias, homicidios, borracheras, orgías,

y cosas semejantes a estas; acerca de las cuales os amonesto,

como ya os lo he dicho antes,

que los que practican tales cosas no heredarán el reino de Dios."

Capítulo 1

Producir el fruto del Espíritu

El Espíritu Santo da vida al espíritu muerto
Producir el fruto del Espíritu
Deseos del Espíritu Santo y deseos de la carne
No nos cansemos de hacer el bien

Producir el fruto
del Espíritu

Si los conductores pudieran conducir por una avenida despejada, sentirían que es algo refrescante. Por el contrario, si conducen por esa área por primera vez, tendrán que ser sumamente cuidadosos y estar muy alertas. Sin embargo, ¿qué pasaría si tuvieran el sistema de navegación GPS en sus automóviles? Podrán tener información detallada y la dirección correcta de modo que podrán llegar a su destino sin perderse.

Nuestro caminar en la fe en el sendero hacia el reino de los Cielos es muy similar. Aquellos que creen en Dios y viven según Su Palabra son protegidos y guiados por el Espíritu Santo con antelación, de modo que pueden evitar muchos de los obstáculos y dificultades de la vida. El Espíritu Santo nos guía hacia el camino más corto y fácil a nuestro destino: el reino de los Cielos.

El Espíritu Santo da vida al espíritu muerto

Adán, el primer hombre, fue un espíritu viviente cuando Dios lo formó y sopló el aliento de vida en su nariz. El 'aliento de vida' es el 'poder contenido en la luz original', el cual se transmitió a los descendientes de Adán mientras vivían en el Huerto del Edén.

No obstante, cuando Adán y Eva cometieron el pecado de desobediencia y fueron expulsados a este mundo, las cosas ya no fueron iguales. Dios les quitó gran parte del aliento de vida a Adán y Eva y solamente dejó un rastro de este aliento que es la 'semilla de vida', la cual Adán y Eva no pueden transmitir a sus hijos.

Por lo tanto, en el sexto mes del embarazo, Dios pone la semilla de vida en el espíritu del bebé y planta el núcleo de una célula que está en el corazón, el cual es la parte central del ser humano. En el caso de aquellos que no han aceptado a Jesucristo, la semilla de vida permanece inactiva al igual que una semilla que está cubierta por un duro caparazón. Decimos que el espíritu está muerto mientras la semilla de vida está inactiva. Mientras el espíritu permanece muerto, uno no podrá obtener la vida eterna ni caminar hacia el reino celestial.

Desde la caída de Adán todos los seres humanos estaban destinados a morir, y para que obtuvieran la vida eterna otra vez debían ser perdonados de sus pecados, que son la causa original de la muerte, y sus espíritus muertos debían ser revividos. Por esta razón el Dios de amor envió a Su hijo unigénito Jesús a este mundo en propiciación, y Él abrió el camino de salvación. Es decir, Jesús tomó los pecados de toda la humanidad y murió en la cruz para revivir nuestro espíritu muerto, y así se convirtió en el camino, la verdad y la vida a través de la cual la gente obtiene la vida eterna.

Por consiguiente, cuando aceptamos a Jesucristo como nuestro Salvador personal, nuestros pecados son perdonados; nos convertimos en hijos de Dios y recibimos el don del Espíritu Santo. Gracias al poder del Espíritu Santo, la semilla de vida, la cual había permanecido dormida y cubierta con un duro caparazón, despierta y se torna activa. En este instante revive el espíritu muerto. Respecto a esto, Juan 3:6 dice: *"...y lo que es nacido del Espíritu, espíritu es."* Una semilla que brota puede crecer solamente cuando se le proporciona agua y luz del sol. Del mismo modo, la semilla de la vida debe recibir el agua y la luz espirituales para que pueda crecer después de brotar. Es decir, para que podamos crecer en lo espiritual, debemos aprender la Palabra de Dios, que es el agua espiritual, y debemos actuar en base a ella, que es la luz espiritual.

El Espíritu Santo que ha venido a nuestro corazón nos hace conocer sobre el pecado, la justicia y el juicio; nos ayuda a abstenernos del pecado y la injusticia y a vivir en rectitud. Él nos da poder para que podamos pensar, hablar y actuar con la verdad, y nos ayuda a llevar una vida con fe, teniendo fe y esperanza en el reino celestial para que nuestro espíritu pueda crecer bien. Permítame darle una ilustración para mayor entendimiento.

Supongamos que hay un niño que ha sido criado en una familia feliz. Cierto día sube a una montaña, y al ver el paisaje exclama: "¡yupi!" De repente alguien le responde de manera exactamente igual, diciendo: "¡yupi!" Con sorpresa el muchacho pregunta: "¿Quién eres?", y la otra 'persona' responde exactamente lo mismo. El muchacho se enoja porque la persona lo está imitando, y le dice: "¿Estás tratando de pelear conmigo?", y como respuesta recibe las mismas palabras. De pronto siente que alguien lo está observando y se asusta.

Regresa rápidamente de las montañas y le habla a su madre al respecto. "Mamá, hay una persona muy mala en las montañas." Su madre, con una suave sonrisa dice: "Pienso que el chico de las montañas es un buen muchacho, y puede ser tu amigo. ¿Por qué no regresas a las montañas mañana y le dices que lo lamentas?" A la mañana siguiente el chico subió a la cima de la montaña otra vez y gritó con fuerte voz: "¡Lamento lo ocurrido ayer! ¿Podemos ser amigos?" La misma respuesta se escuchó.

La madre dejó que su pequeño hijo comprendiera por sí mismo lo que ocurría. Así también, el Espíritu Santo nos ayuda en nuestro caminar de fe como una dulce madre.

Producir el fruto del Espíritu

Cuando se siembra una semilla, esta brota, crece y florece, y después de florecer surge el producto, que es el fruto. De modo similar, cuando la semilla de la vida en nosotros, la cual ha sido plantada por Dios, brota gracias al Espíritu Santo, esta crece y produce los frutos del Espíritu Santo. Sin embargo, no todos los que han recibido el Espíritu Santo producen Su fruto. Podemos producir los frutos del Espíritu Santo únicamente cuando seguimos Su guía.

El Espíritu Santo puede compararse con un generador de poder. La electricidad se genera el momento que el generador funciona. Si este generador se conecta a una bombilla de luz y suple la electricidad, la bombilla hará brillar su luz. Cuando hay luz, las tinieblas se alejan. Del mismo modo, cuando el Espíritu Santo obra en nosotros, las tinieblas se alejan porque la luz entra a nuestro corazón. Entonces podremos producir los frutos del Espíritu Santo.

Por cierto, hay algo importante que debo mencionar aquí. Para que la bombilla haga brillar su luz, no es suficiente con conectarla al generador; alguien tiene que hacerlo funcionar. Dios nos ha dado el generador llamado Espíritu Santo, y somos nosotros los encargados de hacerlo funcionar.

Para que podamos poner en marcha el generador del Espíritu Santo debemos vigilar y orar con fervor además de obedecer la dirección del Espíritu Santo para ir tras la verdad. Cuando seguimos la dirección e insistencia del Espíritu Santo, decimos que estamos siguiendo los deseos del Espíritu Santo. Estaremos llenos del Espíritu Santo cuando sigamos diligentemente los deseos del Espíritu Santo, y al hacerlo, nuestro corazón será transformado con la verdad. Podremos producir los frutos del Espíritu Santo a medida que estemos llenos de Él.

Cuando nos despojamos de toda naturaleza pecaminosa de nuestro corazón y cultivamos un corazón de espíritu con la ayuda del Espíritu Santo, Sus frutos comenzarán a mostrarse. Sin embargo, así como la velocidad de la maduración y el tamaño de las uvas en un mismo racimo son distintos, algunos frutos del Espíritu Santo pueden estar totalmente maduros mientras que otros no lo estarán. Uno puede haber producido el fruto del amor de manera abundante mientras que el fruto del dominio propio todavía no es lo suficientemente maduro. O puede ser que el fruto de la fidelidad esté totalmente maduro mientras que el fruto de la bondad no lo está.

Aun así, con el paso del tiempo, cada una de las uvas madura completamente y el racimo completo estará lleno de uvas grandes, de color violeta oscuro. De manera similar, si producimos todos los frutos del Espíritu Santo completamente, significa que debemos convertirnos en personas de Espíritu Completo a las que Dios desea mucho. Estas personas emanarán la fragancia de Cristo en cada aspecto de sus vidas; claramente escucharán la voz del Espíritu Santo y manifestarán Su poder para glorificar a Dios. Dado que reflejarán a Dios por completo, recibirán las calificaciones para entrar a la Nueva Jerusalén, donde está el trono de Dios.

Deseos del Espíritu Santo y deseos de la carne

Cuando tratamos de seguir los deseos del Espíritu Santo, hay otro tipo de deseo que nos perturba. Es el deseo de la carne. Los deseos de la carne van tras la falsedad, es decir, lo opuesto a la Palabra de Dios. Nos obligan a aceptar cosas como los deseos de la carne, los deseos de los ojos y la vanagloria de la vida, y también nos permiten cometer pecados y practicar la injusticia y el desenfreno.

Hace poco se me acercó un hombre para pedirme que orara por él para que pudiera dejar de mirar materiales obscenos. Él dijo que al empezar a mirar aquellas cosas no lo hizo para disfrutar de ellas sino para entender cómo afectan a las personas. Sin embargo, después de haberlas visto una vez, recordaba constantemente las escenas y deseaba verlas de nuevo. Aun así, el Espíritu Santo le instaba a no hacerlo, y él se sentía atribulado.

En este caso, su corazón se agitaba por medio de los deseos de los ojos, es decir, las cosas que veía y escuchaba a través de sus ojos y oídos. Si no cortamos estos deseos de la carne y más bien seguimos aceptándolos, pronto aceptaremos también las falsedades; dos, tres y cuatro veces, y el número seguirá en aumento.

Por esta razón, Gálatas 5:16-18 dice: *"Digo, pues: Andad en el Espíritu, y no satisfagáis los deseos de la carne. Porque el deseo de la carne es contra el Espíritu, y el del Espíritu es contra la carne; y éstos se oponen entre sí, para que no hagáis lo que quisiereis. Pero si sois guiados por el Espíritu, no estáis bajo la ley."*

Por un lado, cuando vamos tras los deseos del Espíritu Santo tenemos paz en el corazón y nos sentimos alegres porque el Espíritu se regocija. Por otro lado, si seguimos los deseos de la carne, nuestro corazón se atribula porque el Espíritu Santo en nosotros lo lamenta. Además perdemos la llenura del Espíritu, de modo que se torna cada vez más difícil seguir los deseos del Espíritu Santo.

Pablo habló acerca de esto en Romanos 7:22-24, diciendo: *"Porque según el hombre interior, me deleito en la ley de Dios; pero veo otra ley en mis miembros, que se rebela contra la ley de mi mente, y que me lleva cautivo a la ley del pecado que está en mis miembros. ¡Miserable de mí! ¿quién me librará de este cuerpo de muerte?"* De acuerdo a si seguimos los deseos del Espíritu Santo o los de la carne, podremos convertirnos ya sea en hijos de Dios que son salvos o en hijos de las tinieblas que toman el camino de la muerte.

En Gálatas 6:8 leemos: *"Porque el que siembra para su carne, de la carne segará corrupción; mas el que siembra para el Espíritu, del Espíritu segará vida eterna."* Si seguimos los deseos de la carne, solamente cometeremos las obras de la carne que son pecados y desenfreno, y al final no entraremos al reino de los Cielos (Gálatas 5:19-21). Mas si seguimos los deseos del Espíritu Santo, produciremos los nueve frutos del Espíritu (Gálatas 5:22-23).

No nos cansemos de hacer el bien

Produciremos el fruto del Espíritu y llegaremos a ser hijos verdaderos de Dios en la medida en que actuemos con fe, en pos del Espíritu Santo. En el corazón del hombre, sin embargo, están tanto la verdad como la falsedad. El corazón de la verdad nos lleva a seguir los deseos del Espíritu Santo y a vivir de acuerdo a la Palabra de Dios. El corazón de la falsedad nos hace seguir los deseos de la carne y vivir en tinieblas.

Por ejemplo: guardar el Día del Señor como un día santo es uno de los Diez Mandamientos que los hijos de Dios deben acatar. No obstante, un creyente que administra una tienda y tiene fe débil tendrá conflicto en su corazón al pensar que perderá sus ganancias si cierra su negocio los domingos. En este caso, los deseos de la carne le harán pensar: '¿Qué tal si cierro el negocio cada quince días? O, ¿qué tal si yo asisto a la iglesia los domingos en la mañana y mi esposa lo hace en las noches para turnarnos en la tienda?' Por otro lado, los deseos del Espíritu Santo le ayudarán a obedecer la Palabra de Dios al darle entendimiento, y dirá: "Si guardo el Día del Señor como un día santo, Dios me dará todavía más ganancias que cuando abro la tienda los domingos."

El Espíritu Santo nos ayuda en nuestra debilidad e intercede por nosotros con gemidos mucho más profundos que las palabras (Romanos 8:26). Cuando practicamos la verdad siguiendo esta ayuda del Espíritu Santo, tenemos paz en el corazón y nuestra fe crece día tras día.

La Palabra de Dios escrita en la Biblia es la verdad que jamás cambia; es la bondad en sí misma. Otorga vida eterna a los hijos de Dios y es la luz que los guía para que disfruten de felicidad y gozo eternos. Los hijos de Dios que son guiados por el Espíritu Santo deben crucificar la carne junto con sus pasiones y deseos; también deben ir tras los deseos del Espíritu Santo de acuerdo a la Palabra de Dios y no dejar de hacer el bien.

En Mateo 12:35 leemos: *"El hombre bueno, del buen tesoro del corazón saca buenas cosas; y el hombre malo, del mal tesoro saca malas cosas."* Por ende, debemos despojarnos de las malas cosas de nuestro corazón por medio de la oración ferviente y debemos seguir acumulando buenas obras.

En Gálatas 5:13-15 dice también: *"Porque vosotros, hermanos, a libertad fuisteis llamados; solamente que no uséis la libertad como ocasión para la carne, sino servíos por amor los unos a los otros. Porque toda la ley en esta sola palabra se cumple: Amarás a tu prójimo como a ti mismo. Pero si os mordéis y os coméis unos a otros, mirad que también no os consumáis unos a otros."* Asimismo, en Gálatas 6:1-2 leemos: *"Hermanos, si alguno fuere sorprendido en alguna falta, vosotros que sois espirituales, restauradle con espíritu de mansedumbre, considerándote a ti mismo, no sea que tú también seas tentado. Sobrellevad los unos las cargas de los otros, y cumplid así la ley de Cristo."*

Cuando nos sometemos a la Palabra de Dios aquí escrita, podemos producir los frutos del Espíritu en abundancia y llegaremos a sumergirnos en el espíritu y Espíritu Completo. Entonces recibiremos todo lo que pedimos en oración y entraremos a la Nueva Jerusalén en el eterno reino de los Cielos.

Contra Tales Cosas No Hay Ley

1 Juan 4:7-8

"Amados, amémonos unos a otros;

porque el amor es de Dios.

Todo aquel que ama, es nacido de Dios, y conoce a Dios.

El que no ama, no ha conocido a Dios; porque Dios es amor."

Capítulo 2

Amor

El nivel más alto de amor espiritual
El amor carnal cambia con el tiempo
El amor espiritual entrega su propia vida
Amor verdadero hacia Dios
Con el fin de llevar el fruto del amor

Amor

El amor es más poderoso de lo que la gente puede imaginar; con el poder del amor podemos llevar a la salvación a aquellos que se encuentran desamparados por Dios y que van por el camino de la muerte, y el amor puede darles nuevas fuerzas y ánimo. Si cubrimos las faltas de los demás con el poder del amor, cambios sorprendentes se darán y grandes bendiciones se otorgarán porque Dios obra en medio de la bondad, el amor, la verdad y la justicia.

Cierto equipo de investigación de sociología hizo un estudio con 200 estudiantes que estaban en un entorno de pobreza en la ciudad de Baltimore. El equipo concluyó que dichos estudiantes tenían pocas probabilidades y escasas esperanzas de éxito. Sin embargo, 25 años más tarde hicieron un seguimiento al mismo grupo de estudiantes, y el resultado fue sorprendente. De los 200 individuos, 176 se habían convertido en personas de éxito socialmente; entre ellos había abogados, médicos, predicadores y empresarios. Sin duda alguna los investigadores preguntaron cómo les había sido posible superar el ambiente desfavorable en el que habían estado, y todos mencionaron el nombre de un maestro en particular. Cuando se le preguntó al maestro cómo había logrado producir ese cambio tan impresionante, él dijo: "Yo simplemente los amé, y ellos simplemente lo sabían."

Ahora, ¿qué es el amor, el primer fruto de los nueve frutos del Espíritu Santo?

El nivel más alto de amor espiritual

Por lo general, el amor se puede clasificar en amor carnal y amor espiritual. El amor carnal busca su propio beneficio y es un amor sin sentido que cambia con el paso del tiempo. El amor espiritual, sin embargo, busca el beneficio de los demás y jamás cambia ante ninguna situación. En 1 Corintios 13 se presenta una explicación muy detallada de este amor espiritual.

> *"El amor es sufrido, es benigno; el amor no tiene envidia, el amor no es jactancioso, no se envanece; no hace nada indebido, no busca lo suyo, no se irrita, no guarda rencor; no se goza de la injusticia, mas se goza de la verdad. Todo lo sufre, todo lo cree, todo lo espera, todo lo soporta"* (vv. 4-7).

¿De qué manera difieren los frutos del amor en Gálatas 5 y el amor espiritual en 1 Corintios 13? El amor como fruto del Espíritu Santo incluye amor sacrificial con el que uno puede dar su propia vida. Se trata de un amor que está en un nivel superior a aquel descrito en 1 Corintios 13; es el nivel más alto de amor espiritual.

Si llevamos el fruto del amor y podemos sacrificarnos por los demás, entonces podremos amar a cualquier persona. Dios nos amó con todo y el Señor nos amó con toda Su vida. Si llegamos a tener este amor en nosotros, podremos sacrificar nuestras vidas por Dios, Su reino y Su justicia. Además, debido a que amamos a Dios, también podremos tener el nivel más alto de amor para dar nuestras vidas, no solo por nuestros hermanos sino también por los enemigos que nos aborrecen.

1 Juan 4:20-21 dice: *"Si alguno dice: Yo amo a Dios, y*

aborrece a su hermano, es mentiroso. Pues el que no ama a su hermano a quien ha visto, ¿cómo puede amar a Dios a quien no ha visto? Y nosotros tenemos este mandamiento de él: El que ama a Dios, ame también a su hermano." Por ende, si amamos a Dios, amaremos a todos los demás; si decimos que amamos a Dios mientras aborrecemos a alguien, estamos mintiendo.

El amor carnal cambia con el tiempo

Cuando Dios creó a Adán, el primer hombre, lo amó con amor espiritual e hizo un hermoso huerto al este del Edén donde permitió que viviera Adán sin falta de nada. Dios caminaba con él; le dio no solo el Huerto del Edén que era un lugar de vida excelente, sino también la autoridad para sojuzgar y señorear sobre todo en este mundo.

Dios le dio a Adán amor espiritual en abundancia. Sin embargo, Adán no pudo sentir el amor de Dios en realidad, pues jamás había experimentado el odio o el amor carnal que cambia, así que no comprendió cuán precioso era el amor de Dios. Luego de transcurrido un tiempo muy largo, Adán fue tentado a través de la serpiente y desobedeció la Palabra de Dios al comer el fruto que Él había prohibido (Génesis 2:17; 3:1-6).

En consecuencia, el pecado entró en el corazón de Adán y él se convirtió en un hombre carnal que ya no podía comunicarse con Dios y a quien Él no podía permitir que siguiera viviendo en el Huerto del Edén, por lo que fue expulsado a este mundo. En el transcurso del Cultivo de la humanidad (Génesis 3:23), todos los seres humanos, los que son descendientes de Adán, llegaron a conocer y experimentar la relatividad al llegar a sufrir las cosas opuestas al amor conocido en el Edén, tales como el odio, la envidia, el dolor, el pesar, las enfermedades y daños. En ese tiempo ellos se volvieron cada vez más distantes del amor espiritual y mientras sus corazones se corrompieron y volvieron carnales por causa del pecado, su amor se volvió carnal.

Mucho tiempo ha pasado desde la caída de Adán, y actualmente es todavía más difícil encontrar amor espiritual en este mundo. La gente expresa su amor de varias maneras, pero este es solo un amor carnal que cambia con el tiempo. Con el paso del tiempo y el cambio de las situaciones y condiciones, cambian de parecer y traicionan a sus seres amados por ir tras sus propios beneficios. Asimismo, las personas dan únicamente cuando los demás dan primero o cuando el acto de dar les es de beneficio personal. Si usted desea recibir en la misma medida en la que ha dado, o si se ve decepcionado ya que los demás no le dan de la manera que usted desea o espera, entonces se trata de un amor carnal.

Cuando un hombre y una mujer empiezan a salir juntos, se dicen que "se amarán por siempre", o que "no pueden vivir el uno sin el otro." Sin embargo, en muchos casos cambian de parecer una vez que están casados, y con el paso del tiempo comienzan a ver las cosas que les desagradan de su cónyuge. En el pasado todo se ve bien e intentan complacer al otro en todo, pero luego no pueden seguir haciendo eso; se ponen de mal humor y se causan dificultades entre sí, y se molestan si el cónyuge no hace lo que quieren. Tan solo un par de décadas atrás, el divorcio era un hecho poco habitual, pero actualmente se da con mucha facilidad, y poco tiempo después las personas se vuelven a casar con otra persona. Y, sin embargo, en cada ocasión afirman que aman a la otra persona en verdad, lo que corresponde al típico amor carnal.

El amor entre padres e hijos no se diferencia mucho. Claro está que algunos padres darían incluso su propia vida por sus hijos, pero aunque lo hicieran, no se trata de un amor espiritual si tienen este amor únicamente por sus propios hijos. Si poseemos amor espiritual, podremos ofrecer este tipo de amor no solo a nuestros propios hijos sino a toda persona. Sin embargo, a medida que el mundo se torna cada vez más malo, es raro encontrar padres que pueden sacrificar sus vidas aun por sus propios hijos. Muchos padres e hijos tienen enemistad entre ellos por causa de beneficios monetarios o debido a desacuerdos de opinión.

¿Qué diremos del amor entre hermanos o amigos? Muchos hermanos se vuelven enemigos si se ven envueltos en algún asunto de dinero, y lo mismo ocurre, todavía con más frecuencia, entre amigos. Se aman unos a otros cuando las cosas están bien y hay acuerdo entre ellos, pero su amor cambia en cualquier momento si las cosas se tornan diferentes. Además, en la mayoría de casos, la gente quiere recibir tanto como ha dado; si tienen una pasión quizás den algo sin esperar nada a cambio, pero una vez que la pasión se apaga, lamentan el hecho de haber dado y no haber recibido nada a cambio. Esto significa, después de todo, que deseaban algo a cambio, y este tipo de amor es un amor carnal.

El amor espiritual entrega su propia vida

Es muy conmovedor que una persona entregue su vida por otra

a la que ama, pero si supiéramos que debemos dar nuestra vida por alguien más, se nos hace muy difícil amar a esa persona. De este modo, el amor del hombre es limitado.

Había un rey que tenía un hijo muy amado. En su reino había un asesino muy notorio quien fue sentenciado a muerte, y la única manera de que este convicto pudiera vivir era mediante la muerte de una persona inocente en su lugar. ¿Podría este rey entregar a su hijo inocente para que muriera en lugar del asesino? Algo así jamás ha ocurrido en todo el curso de la historia de la humanidad. Dios el Creador, sin embargo, quien no se puede comparar con ningún rey de este mundo, entregó a Su Hijo unigénito por nosotros; pues Él nos ama a ese punto (Romanos 5:8).

Por causa del pecado de Adán, toda la humanidad tuvo que ir por el camino de muerte para pagar el precio del pecado. Para salvar a la humanidad y llevarla al Cielo, se debía resolver su problema del pecado. A fin de resolver este problema del pecado que se levantaba entre Dios y la humanidad, Dios envió a Su Hijo unigénito, Jesús, para que pagara el precio del pecado.

En Gálatas 3:13 leemos: *"Maldito todo el que es colgado en un madero."* Jesús fue colgado en una cruz de madera para liberarnos de la maldición de la ley que dice: *"La paga del pecado es la muerte"* (Romanos 6:23). Así también, dado que no hay perdón sin derramamiento de sangre (Hebreos 9:22), Él derramó toda Su agua y sangre y recibió el castigo en nuestro lugar, y cualquiera que crea en Él puede ser perdonado de sus pecados y obtener la vida eterna.

Dios sabía que los pecadores perseguirían y se burlarían de Jesús, Su Hijo, y que al final lo crucificarían. A pesar de eso, para poder salvar a la raza humana pecadora que estaba destinada a caer en la muerte eterna, Él envió a Jesús a este mundo.

1 Juan 4:9-10 dice: *"En esto se mostró el amor de Dios para con nosotros, en que Dios envió a su Hijo unigénito al mundo, para que vivamos por él. En esto consiste el amor: no en que nosotros hayamos amado a Dios, sino en que él nos amó a nosotros, y envió a su Hijo en propiciación por nuestros pecados."*

Dios confirmó Su amor por nosotros al darnos Su Hijo unigénito para ser colgado en una cruz en la que Jesús demostró Su amor al sacrificarse a Sí mismo para redimir a la humanidad de sus pecados. Este amor de Dios, demostrado a través del acto de entrega de Su Hijo, es el amor eternamente inmutable que entrega la propia vida hasta la última gota de sangre.

Amor verdadero hacia Dios

¿Podemos poseer nosotros este nivel de amor? 1 Juan 4:7-8 dice: *"Amados, amémonos unos a otros; porque el amor es de Dios. Todo aquel que ama, es nacido de Dios, y conoce a Dios. El que no ama, no ha conocido a Dios; porque Dios es amor."*

Si tenemos conocimiento del tipo de amor que Dios nos ha dado, no solo como una ciencia sino como un profundo sentir en el corazón, de modo natural amaremos a Dios con sinceridad. En nuestras vidas cristianas podemos enfrentar pruebas que son difíciles de soportar, o quizás encontremos una situación en la que podemos perder todas nuestras posesiones y cosas preciadas para nosotros, pero aun en esas circunstancias, nuestro corazón no será sacudido en absoluto siempre y cuando tengamos el verdadero amor en nosotros.

Yo estuve a punto de perder a mis tres hijas amadas. En Corea, hace más de 30 años, la mayoría de personas usaban briquetas de carbón para producir calefacción. El gas de monóxido de carbono proveniente del carbón a menudo causaba accidentes. Uno de ellos ocurrió justo después de la apertura de la iglesia, cuando mi residencia quedaba en el sótano del local de la iglesia. Mis tres hijas, además de un muchacho, habían sufrido una intoxicación con gas de monóxido de carbono ya que habían inhalado el gas toda la noche, y parecía que no había esperanza de recuperación.

Al ver a mis hijas en estado inconsciente, no sentí pesar ni me quejé sino que agradecí pensando que iban a vivir pacíficamente en el hermoso Cielo donde no hay lágrimas, tristeza o dolor. Por otro lado, dado que el muchacho era tan solo un miembro de la iglesia, pedí a Dios que le devolviera la vida para no deshonrar a Dios; puse mis manos sobre el muchacho y oré por él, e inmediatamente después oré por mi tercera hija, la menor. Mientras oraba por ella, el muchacho recobró la consciencia, y mientras oraba por mi segunda hija, la menor despertó. Pronto, tanto la segunda como la primera recobraron su consciencia sin sufrir ningún efecto secundario, y hasta la actualidad son muy saludables. Mis tres hijas ministran como pastoras en la iglesia.

Si amamos a Dios, nuestro amor jamás podrá cambiar ante cualquier tipo de situación. Nosotros ya hemos recibido Su amor por medio del sacrificio de Su Hijo unigénito, y por eso no tenemos ninguna razón para resentirnos o dudar de Su amor. Lo único que podemos hacer es amarlo a Él de modo inmutable;

podemos confiar en Su amor por completo y ser fieles con nuestra vida.

Esta actitud no cambiará cuando cuidemos de otras almas también. 1 Juan 3:16 expresa: *"En esto hemos conocido el amor, en que él puso su vida por nosotros; también nosotros debemos poner nuestras vidas por los hermanos."* Si cultivamos el amor verdadero hacia Dios, amaremos a nuestros hermanos con amor verdadero, lo que significa que no tendremos ningún deseo de buscar nuestro beneficio, y por eso daremos todo lo que tenemos sin desear nada a cambio. Nos sacrificaremos a nosotros mismos con buenos motivos y daremos todas nuestras posesiones por los demás.

Yo he pasado por muchas pruebas durante mi caminar en el sendero de la fe hasta este día; he sido traicionado por personas que recibieron mucho de mi parte, o aquellos que he tratado como mi propia familia. A veces las personas no me entendieron y me acusaron.

Sin embargo, yo los he tratado con bondad; encomendé todo asunto en manos de Dios y oré que Él perdonara a aquellas personas con Su amor y compasión. No aborrecí ni siquiera a los que causaron grandes dificultades a la iglesia y la abandonaron, sino que, simplemente anhelé que se arrepintieran y regresaran. Cuando ellos hicieron muchas cosas malas, causaron intensas pruebas para mí. Aun así, los traté solo con bondad porque creí que Dios me ama y porque yo los amé con el amor de Dios.

Con el fin de llevar el fruto del amor

Podemos llevar el fruto del amor por completo solo en la medida en que santifiquemos nuestro corazón al alejar los pecados, la maldad y la injusticia de nuestro corazón. El amor verdadero puede nacer en un corazón que está lleno de maldad; si poseemos amor verdadero podremos ofrecer paz a los demás en todo tiempo y jamás causaremos dificultades ni impondremos cargas sobre los demás. También entenderemos el corazón del resto de personas y las serviremos. Podremos causarles gozo y las ayudaremos a que sus almas prosperen de modo que el reino de Dios se extienda.

En la Biblia podemos ver qué tipo de amor cultivaron los padres de la fe; Moisés amó mucho a su pueblo Israel, al punto de desear que sean salvos aunque eso significara que su nombre fuera borrado del Libro de la Vida (Éxodo 32:32).

El apóstol Pablo también amó al Señor con una mente inmutable desde el momento que lo conoció; él se convirtió en apóstol a los gentiles, llevó muchas almas a la salvación y estableció iglesias por medio de tres viajes misioneros. Aunque su camino era agotador y lleno de peligros, él predicó a Jesucristo hasta el día que murió como mártir en Roma.

Sufrió amenazas de muerte constantes, además de persecución y perturbaciones por parte de los judíos, fue azotado y encarcelado, y fue a la deriva en el mar una noche y un día después de un naufragio. A pesar de todo esto, él jamás lamentó el camino que escogió. En lugar de sentir preocupación por sí mismo se preocupaba por la iglesia y los creyentes, aun mientras atravesaba muchas dificultades.

Él confesó sus sentimientos en 2 Corintios 11:28-29, diciendo:

"...y además de otras cosas, lo que sobre mí se agolpa cada día, la preocupación por todas las iglesias. ¿Quién es débil sin que yo sea débil? ¿A quién se le hace pecar sin que yo no me preocupe intensamente?"

El apóstol Pablo no perdonó ni su propia vida porque tenía un amor ardiente por las almas, y su gran amor se expresa bien en Romanos 9:3, que dice: *"Porque deseara yo mismo ser anatema, separado de Cristo, por amor a mis hermanos, los que son mis parientes según la carne."* En este caso, al hablar de los 'parientes' no se refiere a los familiares sino a todos los judíos, incluyendo aquellos que lo perseguían.

Él prefería ir al Infierno en lugar de ellos si eso significaba que alcanzarían la salvación. ¡Este es el tipo de amor que él poseía! Así también, como está escrito en Juan 15:13: *"Nadie tiene mayor amor que este, que uno ponga su vida por sus amigos"*, el apóstol Pablo demostró su nivel más alto de amor al convertirse en un mártir.

Algunas personas dicen amar a Dios pero no aman a sus hermanos en la fe, que no son enemigos ni tampoco están reclamando la vida de uno, y más bien tienen conflictos mutuamente y abrigan sentimientos de incomodidad entre ellos respecto a cosas insignificantes. Aun mientras hacen la obra de Dios, tienen sentimientos adversos cuando las opiniones son distintas y algunos son insensibles ante aquellos cuyo espíritu se está marchitando o muriendo. ¿Podemos decir que estas personas aman a Dios?

En cierta ocasión yo dije frente a toda la congregación: "Si puedo llevar mil almas a la salvación, estaría dispuesto a ir al Infierno en su lugar." Claro está que conozco bien qué tipo de lugar es el Infierno y jamás haría algo que causara que yo vaya a ese lugar. Sin embargo, estaría dispuesto a ir ahí en lugar de las almas si de ese modo puedo evitar que caigan al Infierno.

Aquellas mil almas pueden incluir algunos miembros de la iglesia; líderes o miembros que no han escogido la verdad sino que están en el camino de la muerte aun después de escuchar la Palabra de verdad y de haber sido testigos de las poderosas obras de Dios. Así también, pueden ser aquellas personas que persiguen a nuestra iglesia con sus malas interpretaciones y celos, o algunas almas pobres en África que están muriendo por causa de las guerras civiles, el hambre y la pobreza.

Así como Jesús murió por mí, yo también puedo dar mi vida por ellos. Esto no se debe a que yo los amo como parte de mi responsabilidad, sino porque la Palabra de Dios dice que debemos amar. Yo entrego toda mi vida y energía cada día para salvarlos, porque los amo más que a mi propia vida y no con simples palabras. Entrego mi vida entera porque sé que es el mayor deseo de Dios Padre quien me amó.

Mi corazón está lleno de pensamientos como: "¿Cómo puedo predicar el evangelio en más lugares?, ¿cómo puedo manifestar mayores obras del poder de Dios para que más personas puedan creer?, ¿cómo puedo hacerles entender que este mundo no tiene sentido y llevarlos a aferrarse al reino celestial?"

Examinemos nuestro ser y observemos cuánto amor de Dios está grabado en nosotros y si es el amor con el que Él dio la vida de Su Hijo unigénito. Si estamos llenos de Su amor, amaremos a Dios y las almas con todo nuestro corazón. ¡Esto es verdadero amor! Si cultivamos este amor por completo, podremos entrar en la Nueva Jerusalén, que es el cristaloide del amor. Anhelo que usted pueda compartir amor eterno con Dios Padre y el Señor en ese lugar.

Contra Tales Cosas No Hay Ley

Filipenses 4:4

"Regocijaos en el Señor siempre.

Otra vez digo: ¡Regocijaos!"

Capítulo 3

Gozo

El fruto del gozo
Las razones por las que desaparece el gozo del primer amor
Cuando se produce el gozo espiritual
Si usted desea producir el fruto del gozo
Llorar, incluso después de producir el fruto del gozo
Sea positivo y vaya tras la bondad en todo

Gozo

La risa alivia el estrés, la ira y las tensiones, contribuyendo así a la prevención de ataques cardíacos y muerte súbita. Además mejora la inmunidad del cuerpo, así que tiene efectos positivos en la prevención de infecciones como la gripe o aun enfermedades como el cáncer y otras atribuidas al estilo de vida. La risa ciertamente tiene efectos muy positivos en la salud, y Dios también nos dice que nos regocijemos mucho. Algunos quizás digan: "¿Por qué regocijarme si no hay nada por lo cual hacerlo?" Aun así, las personas llenas de fe siempre pueden regocijarse en el Señor porque creen que Dios les ayudará en sus dificultades, y eventualmente son guiados al reino de los Cielos donde disfrutarán de gozo eterno.

El fruto del gozo

El gozo es "una alegría intensa y en especial extática o exultante." Por otro lado, el gozo espiritual no es tan solo una felicidad extrema. Incluso los incrédulos se gozan cuando las cosas están bien, pero esto es únicamente temporal ya que su gozo desaparece cuando las cosas se dificultan. Sin embargo, si producimos el fruto del gozo en el corazón, podremos regocijarnos y estar felices aun en medio de cualquier situación.

En 1 Tesalonicenses 5:16-18 leemos: *"Estad siempre gozosos. Orad sin cesar. Dad gracias en todo, porque esta es la voluntad de Dios para con vosotros en Cristo Jesús."* El gozo espiritual implica regocijarse siempre y dar gracias en toda circunstancia. El gozo es una de las categorías más obvias y claras con las que podemos medir y examinar qué tipo de vida cristiana estamos llevando.

Algunos creyentes van por el camino del Señor con gozo y felicidad en todo tiempo mientras que otros en verdad no tienen gozo y gratitud que proviene desde el corazón, aunque se esfuercen mucho en su fe; asisten a los servicios de adoración, oran y cumplen con sus responsabilidades, pero hacen todo esto con un sentido de obligación y no son conmovidos por ello, y al enfrentar algún problema, pierden la poca cantidad de paz que poseen y su corazón tiembla por los nervios.

Si hay un problema que no se puede resolver con las propias fuerzas, es entonces cuando se puede examinar si en verdad nos estamos regocijando con sinceridad de corazón. Ante una situación así, ¿por qué no mira el espejo? También se puede convertir en una medida para examinar cuánto fruto de gozo se ha producido. De hecho, tan solo la gracia de Jesucristo que nos salva por medio de Su sangre es una condición más que suficiente para que nos gocemos en todo tiempo; pues estábamos destinados a caer en el fuego eterno en el Infierno, pero a través de la sangre de Jesucristo podemos entrar en el reino de los Cielos lleno de felicidad y paz. ¡Este hecho por sí solo puede darnos la felicidad que va más allá de las palabras!

Después del Éxodo, cuando el pueblo de Israel cruzó el mar Rojo como en tierra seca y fue liberado del ejército egipcio que lo perseguía, ¿cuánto se regocijó? Llenas de felicidad las mujeres danzaron con panderos y toda la gente alabó a Dios (Éxodo 15:19-20).

De manera similar, cuando uno acepta al Señor, se llena con gozo inexplicable por haber recibido salvación, y se pueden llenar los labios con alabanzas aunque se esté cansado tras un arduo día de trabajo. Aunque uno sea perseguido por el nombre del Señor o se sufra una dificultad sin una causa justa, simplemente se está feliz pensando en el reino de los Cielos. Si se mantiene este gozo de continuo y por completo, pronto se producirá el fruto del gozo a plenitud.

Las razones por las que desaparece el gozo del primer amor

La realidad es, sin embargo, que no todas las personas mantienen el gozo de su primer amor. Un tiempo después de haber aceptado al Señor, el gozo desaparece y la emoción respecto a la gracia de la salvación deja de ser la misma. En el pasado simplemente se sentían felices aun frente a dificultades, pensando acerca del Señor, pero luego comienzan a suspirar y lamentarse cuando las cosas son difíciles. Esto es semejante al pueblo de Israel que rápidamente se olvidó del gozo que sintió tras cruzar el mar Rojo y se quejó contra Dios y se levantó contra Moisés cuando tenía pequeñas dificultades.

¿Por qué cambia de esta manera la gente? Esto se da porque tienen carnalidad en el corazón. La carnalidad en este caso tiene un sentido espiritual. Se refiere a la naturaleza o carácter que es opuesto al espíritu. El 'Espíritu' es algo que pertenece a Dios el Creador, algo hermoso y que jamás cambia, mientras que la 'carnalidad' es la característica de las cosas que está separadas de Dios, es decir, cosas que se corromperán, que perecerán y que desaparecerán. Por lo tanto, todo tipo de pecado, como la injusticia, el desenfreno y las falsedades, son 'carnalidad.' Los que tienen estos atributos carnales perderán el gozo que una vez llenó sus corazones. Además, debido a que tienen una naturaleza que cambia, el enemigo diablo y Satanás intentará causar situaciones nada favorables con el fin de agitar esa naturaleza cambiable.

El apóstol Pablo fue golpeado y encarcelado mientras predicaba el evangelio, pero mientras oraba y alababa a Dios sin preocuparse por nada, un gran terremoto ocurrió y las puertas de la prisión se abrieron. Además, gracias a este evento él evangelizó a muchos incrédulos; él no perdió su gozo frente a la dificultad, sino que aconsejó a los creyentes diciendo: *"Regocijaos en el Señor siempre. Otra vez digo: ¡Regocijaos! Vuestra gentileza sea conocida de todos los hombres. El Señor está cerca. Por nada estéis afanosos, sino sean conocidas vuestras peticiones delante de Dios en toda oración y ruego, con acción de gracias"* (Filipenses 4:4-6).

Si usted se encuentra en una situación terrible, como si estuviera aferrado en el borde de un acantilado, ¿por qué no ofrecer una oración de gratitud al igual que el apóstol Pablo? Dios estará complacido con su acto de fe y obrará para bien en todo.

Cuando se produce el gozo espiritual

David luchó en los campos de batalla para su país desde que era un muchacho; él prestó servicios meritorios en muchas guerras distintas. Cuando el rey Saúl estaba siendo atormentado por un espíritu maligno, él tocaba el arpa para provocar paz al rey y jamás quebrantó ninguna orden de su rey. A pesar de eso, el rey Saúl no fue agradecido de los servicios de David, por el contrario, lo aborreció porque sentía celos de él dado que David era amado por el pueblo y Saúl temía que tomara su trono, así que lo perseguía junto a todo su ejército para matarlo.

Ante esa situación, David obviamente tuvo que escapar de Saúl. Una vez, para poder salvar su vida en un país extranjero, tuvo que babear fingiendo estar loco. ¿Cómo se sentiría usted si estuviera en su lugar? David jamás se entristeció; él solamente se regocijó y profesó su fe en Dios con un hermoso salmo:

"Jehová es mi pastor; nada me faltará.
En lugares de delicados pastos me hará descansar;
Junto a aguas de reposo me pastoreará.
Confortará mi alma;
Me guiará por sendas de justicia
por amor de su nombre.
Aunque ande
en valle de sombra de muerte,
No temeré mal alguno, porque tú estarás conmigo;
Tu vara y tu cayado me infundirán aliento.
Aderezas mesa delante de mí
en presencia de mis angustiadores;
Unges mi cabeza con aceite; mi copa está rebosando.
Ciertamente el bien y la misericordia me seguirán
todos los días de mi vida,
Y en la casa de Jehová moraré por largos días"
(Salmos 23:1-6).

La realidad era semejante a un camino de espinas, pero David tenía algo grande en él: un amor ardiente por Dios y su inmutable confianza en Él. Nada podía arrebatarle el gozo que provenía de lo profundo de su corazón y ciertamente era una persona que había producido el fruto del gozo.

Por aproximadamente cuarenta y un años desde que acepté al Señor, jamás he perdido el gozo de mi primer amor. ¡Todavía vivo cada día con gratitud! Padecí muchas enfermedades durante siete años, pero el poder de Dios me sanó de todas ellas al instante. Inmediatamente me convertí en cristiano y comencé a trabajar en sitios de construcción a pesar de haber tenido mejores oportunidades de trabajo, pero escogí el trabajo duro porque era la única manera que me permitía guardar el Día del Señor como un día santo.

Cada día me levantaba a las cuatro de la mañana para asistir a la Reunión de oración a la madrugada y luego iba al trabajo, llevando mi almuerzo. El autobús se tomaba una hora y media para llegar hasta el lugar de trabajo. Yo debía trabajar desde la mañana hasta el atardecer, sin descansar lo suficiente; era un trabajo muy duro. Yo nunca antes había hecho un trabajo físico, y además había estado enfermo por muchos años, así que no era algo fácil para mí.

Llegaba a mi casa alrededor de las diez de la noche, después de trabajar. Rápidamente me aseaba, cenaba, leía la Biblia y oraba antes de ir a la cama alrededor de la media noche. Mi esposa también hacía trabajo de ventas de puerta a puerta para ganarse la vida, pero nos era muy difícil pagar incluso los intereses de la deuda que habíamos acumulado durante el período que yo había estado enfermo. Literalmente, apenas podíamos sobrevivir cada día. Aunque me encontraba en una situación financiera difícil, mi corazón estaba siempre lleno de gozo y yo predicaba el evangelio cada vez que se presentaba la oportunidad.

Yo decía: "¡Dios está vivo! ¡Mírenme! Yo espera solo la muerte, pero fui sanado por completo gracias al poder de Dios y ahora soy muy saludable."

La realidad era difícil y económicamente desafiante, pero yo me sentía siempre agradecido por el amor de Dios que me salvó de la muerte. Además mi corazón se llenó con esperanza por el Cielo. Después de recibir el llamado de Dios para ser pastor, sufrí muchas dificultades injustas y cosas que un hombre no puede soportar en verdad; sin embargo, mi gozo y gratitud jamás se enfriaron.

¿Cómo se hizo esto posible? Esto se dio porque la gratitud del corazón produce más gratitud. Yo busco siempre las oportunidades para agradecer y ofrecer oraciones de gratitud a Dios, y no solo oración de gratitud, sino que disfruto también del hecho de hacer ofrendas de gratitud a Dios. Adicionalmente a las ofrendas de gratitud que presento ante Dios en cada servicio de adoración, con diligencia doy ofrendas de gratitud a Dios por otras cosas también. Doy gracias por los miembros de la iglesia que están creciendo en la fe; por permitirme glorificar a Dios a través de las mega cruzadas internacionales; por el crecimiento de la iglesia, etc. Disfruto del hecho de buscar las oportunidades para dar gracias.

Así que, Dios me ha dado bendiciones y gracia sin cesar para que yo pueda simplemente seguir agradeciendo. Si yo hubiera dado gracias solo cuando las cosas estaban bien y si me hubiera quejado cuando las cosas estaban mal, no tendría la felicidad de la que disfruto ahora.

Si usted desea producir el fruto del gozo

Primero: debe abstenerse de la carne.

Si no tenemos envidias o celos, nos regocijaremos cuando los demás son elogiados o bendecidos como si nosotros mismos estuviésemos siendo alabados y bendecidos. Por el contrario, en la medida de nuestra envidia y celos, tendremos un momento difícil al ver que los demás están progresando. Quizás tengamos sentimientos incómodos respecto a los demás, o perdamos el gozo y nos desalentemos porque nos podemos sentir inferiores en la medida en que los demás son elogiados.

Así también, si no tenemos ira o resentimiento, tendremos únicamente paz, incluso si somos tratados con dureza o si sufrimos daños. Nos volvemos llenos de resentimiento y decepción porque tenemos la carne en nosotros, y esta carne es la que nos hace sentir cargados en el corazón. Si tenemos la naturaleza de buscar nuestro propio beneficio, nos sentiremos muy mal y con mucho dolor cuando parezca que sufrimos una pérdida mayor a la de otros.

Dado que tenemos rasgos carnales en nosotros, el enemigo diablo y Satanás agita esta naturaleza carnal para crear situaciones en las que no podemos regocijarnos. En la medida en que tengamos carnalidad, no podremos tener fe espiritual y tendremos muchas preocupaciones e inquietudes más al no poder confiar en

Dios. Por otro lado, los que confían en Dios pueden regocijarse aunque no tengan nada para comer en el día, y esto se debe a que Dios nos prometió que Él nos daría lo que necesitamos si buscamos Su reino y Su justicia primero (Mateo 6:31-33).

Los que tienen fe verdadera encomendarán todo asunto en las manos de Dios a través de la oración de gratitud en todo tipo de dificultad, buscarán el reino y la justicia de Dios con un corazón lleno de paz y luego pedirán lo que necesitan. Por el contrario, los que no confían en Dios sino en sus propios pensamientos y planes, no podrán evitar estar preocupados. Los que se dedican a los negocios pueden ser dirigidos hacia maneras de ser prosperados y recibir bendiciones solo si escuchan la voz del Espíritu Santo claramente y la siguen. No obstante, mientras mantengan la codicia, impaciencia y pensamientos de falsedad, no podrán escuchar la voz del Espíritu Santo y enfrentarán dificultades. En resumen, la razón fundamental por la que se pierde el gozo recae sobre los rasgos carnales que tenemos en el corazón. Tendremos cada vez más gozo espiritual y gratitud, y todas las cosas marcharán bien en la medida en que nos abstengamos de la carnalidad de nuestro corazón.

Segundo: debe seguir los deseos del Espíritu Santo en todas las cosas.

El gozo que perseguimos no es un gozo del mundo sino aquel que proviene de lo alto, es decir el gozo del Espíritu Santo. Podemos estar llenos de gozo y felicidad únicamente cuando el Espíritu Santo que mora en nosotros se regocija. Por encima de todo, el gozo verdadero se da cuando adoramos a Dios con nuestro corazón, oramos y lo alabamos, y guardamos Su Palabra.

Además, si nos damos cuenta de nuestras deficiencias gracias a la inspiración del Espíritu Santo y las mejoramos, podemos ser muy felices. Tendremos la tendencia a ser más felices y agradecidos cuando descubramos nuestro nuevo 'ser' que es diferente a lo que éramos antes. El gozo otorgado por Dios no se puede comparar con el gozo de este mundo, y nadie nos lo puede arrebatar.

Dependiendo del tipo de decisiones que tomemos en nuestras propias vidas, podemos seguir los deseos del Espíritu Santo o los de la carne; si seguimos los del Espíritu Santo cada momento, Él se regocijará en nosotros y nos llenará de gozo. En 3 Juan 1:4 leemos: *"No tengo yo mayor gozo que este, el oír que mis hijos andan en la verdad."* Como está escrito, Dios se regocija y nos da gozo en la plenitud del Espíritu Santo cuando ponemos en práctica la verdad.

Por ejemplo: si el deseo de buscar nuestro propio beneficio colisiona con el deseo de buscar el beneficio de los demás, y si el conflicto permanece, perderemos el gozo. Entonces, si al final buscamos nuestro propio beneficio, parecerá que podemos tomar lo que deseamos, pero no obtendremos gozo espiritual sino que, más bien tendremos remordimiento de consciencia o aflicción de corazón. Por otro lado, si buscamos el beneficio de los demás, parecerá que hemos sufrido una pérdida al momento, pero obtendremos gozo de lo alto porque el Espíritu Santo se regocija. Solamente los que en verdad han sentido este gozo entenderán cuán bueno es; es el tipo de felicidad que nadie en el mundo puede dar o comprender.

Hay una historia de dos hermanos. El mayor no retira la vajilla después de comer, así que el menor siempre limpia la mesa después de las comidas y se siente incómodo por ello. Cierto día, cuando el hermano mayor había terminado de comer y se retiraba, el menor dice: "Debes lavar tu propio plato." El mayor, sin pensarlo responde: "Tú puedes hacerlo", y se retira a su habitación. Al menor no le gustó la situación, pero su hermano ya se había ido.

El hermano menor sabe que su hermano mayor no tiene el hábito de lavar sus propios platos, así que puede simplemente servir a su hermano mayor con gozo lavando todos los platos. Usted quizás piensa que el hermano menor siempre tendrá que lavar los platos, y que el mayor no tratará de mediar en el problema, pero si actuamos con bondad, Dios es el único que puede hacer los cambios. Dios cambiará el corazón del hermano mayor para que piense: "Lamento haber hecho que mi hermano lave los platos todo el tiempo. Desde ahora en adelante, yo lavaré mis platos y también los suyos.

Al igual que en esta ilustración, si vamos tras los deseos de la carne tan solo por un beneficio momentáneo, siempre sentiremos incomodidad y disputas. Por otro lado, sentiremos gozo si servimos a los demás de corazón, siguiendo los deseos del Espíritu Santo.

El mismo principio se aplica a cada asunto. Quizás usted juzgó una vez a los demás con sus propios estándares, pero si cambia su corazón y comprende a los demás con bondad, tendrá paz. ¿Qué podemos decir respecto a un encuentro con alguien que tiene una personalidad muy distinta a la suya o cuya opinión es muy diferente a la que usted tiene? ¿Tratará de evitar a aquella persona, o cálidamente la saludará con una sonrisa? En la perspectiva de los incrédulos, quizás sea más cómodo para ellos evitar e ignorar a estas personas que no son de su agrado, en lugar de tratar de ser amables con ellas.

Sin embargo, los que van tras los deseos del Espíritu Santo sonreirán a estas personas con un corazón de servicio. Cuando hacemos morir nuestro ser cada día con la intención de ser de consuelo a los demás (1 Corintios 15:31), experimentamos que la paz y el gozo verdaderos provienen de lo alto. Además podremos disfrutar de paz y gozo en todo tiempo si ni siquiera tenemos el sentir de desagrado hacia alguien, o su personalidad no concuerda con la nuestra.

Supongamos que usted recibe una llamada de parte de un líder de la iglesia para que lo acompañe a visitar a un miembro que no asistió al servicio dominical, o supongamos que le piden que predique el evangelio a cierta persona en un feriado que rara vez consigue estar libre. Una parte de su ser quiere tomar un descanso, y la otra parte sugiere que haga la obra de Dios. De usted dependerá la decisión que tome, pero dormir mucho y hacer descansar el cuerpo no necesariamente produce gozo.

Puede sentir la llenura del Espíritu Santo y gozo cuando da su tiempo y posesiones para hacer el ministerio de Dios. A medida que sigue los deseos del Espíritu Santo una y otra vez, no solo tendrá gozo cada vez más espiritual sino que también su corazón cambiará mucho y se convertirá en un corazón de la verdad. Por lo tanto, en la misma medida usted podrá producir el fruto del gozo, y su rostro resplandecerá con luz espiritual.

Tercero: debe sembrar las semillas de gozo y gratitud con diligencia.

Para que un granjero pueda cosechar el fruto de la cosecha, necesita sembrar las semillas y cuidar de ellas. De igual manera, para poder llevar el fruto de gozo, diligentemente debemos ver las condiciones de gratitud y ofrecer los sacrificios de acción de gracias a Dios. Si somos hijos de Dios que tienen fe, habrá muchas cosas de las cuales regocijarse.

En primer lugar tenemos el gozo de la salvación que no podemos cambiar por nada. Además, el buen Dios es nuestro Padre, y Él guarda a Sus hijos que viven en la verdad y responde lo que pidan. Por consiguiente, ¿cuán felices somos? Si tan solo guardamos el Día del Señor como un día santo y entregamos los diezmos adecuados, no enfrentaremos ningún desastre o accidente en todo el año. Si no cometemos pecados y guardamos los mandamientos de Dios, y si trabajamos fielmente para Su obra, entonces siempre recibiremos bendiciones.

Aunque enfrentemos algunas dificultades, la solución a todo tipo de problemas se encuentra en los sesenta y seis libros de la Biblia. Si la dificultad fue causada por nuestras propias malas acciones, podemos arrepentirnos y cambiar para que Dios tenga misericordia de nosotros y nos otorgue la respuesta a nuestros problemas. Cuando reflexionamos en nuestro ser, si nuestro corazón no nos condena, podemos regocijarnos y dar gracias. Entonces Dios obrará en todo para hacer que todas las cosas salgan bien y darnos más bendiciones.

No debemos dar por hecho la gracia que Dios nos ha dado; debemos regocijarnos y dar gracias a Él en todo tiempo. Cuando buscamos las condiciones para agradecer y regocijarnos, Dios nos da más circunstancias para agradecer. A cambio de eso, nuestra gratitud y gozo incrementará y eventualmente produciremos el fruto de gozo por completo.

Llorar, incluso después de producir el fruto del gozo

Aunque producimos el fruto de gozo en el corazón, a veces sentimos pesar. Este es un pesar espiritual que se da en la verdad.

En primer lugar hay pesar de arrepentimiento. Si hay persecuciones y pruebas causadas por nuestros pecados, no podemos tan solo regocijarnos y dar gracias para resolver el problema. Si alguien puede regocijarse aun después de cometer un pecado, su gozo es del mundo y no tiene relación alguna con Dios. En ese caso, debemos arrepentirnos con lágrimas y alejarnos de esos caminos, arrepintiéndonos por completo, y pensando: "¿Cómo pude pecar de esa manera si soy un creyente en Dios? ¿Cómo pude olvidarme de Su gracia?" Entonces Dios aceptará nuestro arrepentimiento y como prueba de que se ha derribado el muro de pecado, Él nos dará gozo. Nos sentiremos tan aliviados y maravillados, como si estuviéramos volando en el cielo, y un nuevo tipo de gozo y gratitud vendrán de lo alto.

Sin embargo, el pesar por el arrepentimiento es ciertamente diferente a las lágrimas de pesar que se derraman por causa del dolor provocado por dificultades o desastres. Aunque usted ore con un mar de lágrimas y mucho pesar, solo será un sentir carnal si lo está haciendo con resentimiento por causa de sus situaciones. Además, si trata de escapar del problema por temor al castigo, pero no se aleja de sus pecados por completo, no podrá obtener gozo verdadero. Tampoco sentirá que ha sido perdonado. Si su pesar es verdaderamente de arrepentimiento, debe alejar la disposición para cometer pecados y luego producir el fruto adecuado de arrepentimiento. Solo entonces recibirá gozo espiritual de lo alto una vez más.

Además hay también un pesar que se siente cuando se deshonra a Dios o por las almas que van por el camino de la muerte. Este es un tipo de pesar que se da en la verdad. Si se tiene este tipo de pesar, se ora por el reino de Dios con mucha sinceridad. Se pedirá santidad y poder para llevar más almas a la salvación y expandir el reino de Dios. Por consiguiente, este pesar es agradable y aceptable a los ojos de Dios. Si usted posee este pesar espiritual, el gozo en lo profundo de su corazón no desaparecerá. No perderá las fuerzas por verse triste o desanimado, sino que sentirá gratitud y felicidad.

Hace varios años, Dios me mostró la morada celestial de una persona que ora por el reino de Dios y la iglesia con mucho pesar. Su casa está decorada con oro y piedras preciosas, y en especial, esta tenía muchas perlas grandes y brillantes. Al igual que una ostra que hace sus perlas con toda su energía y fuerzas, ella lloraba en oración para asemejarse al Señor, y lloraba mientras oraba por el reino de Dios y las almas. Dios la está recompensando por todas sus oraciones con lágrimas. Por ende, debemos regocijarnos siempre creyendo en Dios, y también debemos llorar por el reino de Dios y las almas.

Sea positivo y vaya tras la bondad en todo

Cuando Dios creó a Adán, el primer hombre, él puso gozo en el corazón de Adán. El gozo que él tenía en ese tiempo era diferente al gozo que obtenemos luego de pasar por el Cultivo de la humanidad en este mundo.

Adán era un ser viviente, o un espíritu viviente, lo que significa que no tenía rasgos carnales, y por eso no tenía ningún elemento que era contrario al gozo. Es decir, él no tenía ningún concepto de relatividad para poder comprender el valor del gozo. Únicamente los que han sufrido enfermedades pueden entender cuán preciosa es la salud. Solo los que han sufrido pobreza entenderán el valor verdadero de una vida en riqueza.

Adán jamás había experimentado el dolor, y no podía comprender cuán feliz era la vida que tenía. Aunque disfrutaba de una vida eterna y de abundancia en el Huerto del Edén, en realidad no podía regocijarse con el corazón. Sin embargo, después de comer del árbol de la ciencia del bien y del mal, la carnalidad entró en su corazón, y perdió el gozo que Dios le había dado. Mientras atravesaba mucho dolor en este mundo, su corazón se llenó de pesar, soledad, resentimiento, sentimientos adversos y preocupaciones.

Nosotros hemos experimentado todo tipo de dolor en este mundo, y ahora debemos recuperar el gozo espiritual que Adán había perdido. Para poder hacer esto, debemos despojarnos de la carne, seguir los deseos del Espíritu Santo en todo tiempo y sembrar las semillas de gozo y gratitud en toda circunstancia. En este caso, si añadimos una actitud positiva y seguimos la bondad, podremos producir el fruto de gozo por completo.

Este gozo se obtiene después de haber experimentado las relaciones relativas de muchas cosas de este mundo, a diferencia de Adán quien vivió en el Huerto del Edén. Por eso el gozo proviene del fondo de nuestro corazón y jamás cambia. La felicidad verdadera de la que disfrutaremos en el Cielo ya ha sido cultivada en nosotros en este mundo. ¿De qué manera podremos expresar el gozo que tendremos cuando terminemos nuestra vida terrenal y vayamos al reino de los Cielos?

Lucas 17:21 dice: *".. ni dirán: Helo aquí, o helo allí; porque he aquí el reino de Dios está entre vosotros."* Anhelo que usted produzca el fruto de gozo rápidamente en su corazón para que pueda saborear el Cielo en este mundo y llevar una vida siempre llena de felicidad.

Contra Tales Cosas No Hay Ley

Hebreos 12:14

"Seguid la paz con todos,

y la santidad, sin la cual nadie verá al Señor."

Capítulo 4

Paz

El fruto de la paz
Con el fin de producir el fruto del amor
Las palabras bondadosas son importantes
Piense sabiamente desde el punto de vista de los demás
Paz verdadera en el corazón
Bendiciones para los pacificadores

Paz

Las partículas de sal no son visibles, pero cuando se cristalizan, se convierten en hermosos cristales cúbicos. Una pequeña cantidad de sal disuelta en agua puede cambiar toda la estructura del agua. Es un condimento absolutamente necesario en la cocina. Los micro elementos en la sal, en tan solo una cantidad muy pequeña, son de trascendental importancia para mantener las funciones vitales.

Así como la sal se disuelve para dar sabor a los alimentos y evita que se descompongan, Dios quiere que nos sacrifiquemos para edificar y purificar a los demás y asumir el hermoso fruto de la paz. Examinemos ahora el fruto de la paz entre los frutos del Espíritu Santo.

El fruto de la paz

Incluso si son creyentes en Dios, mientras las personas mantengan su ego o su 'yo", no podrán mantener la paz con los demás. Si piensan que sus ideas son las correctas, tienden a ignorar las opiniones de los demás y actuar de manera incorrecta. A pesar de que se ha llegado a un acuerdo con los votos de la mayoría del grupo, ellos siguen quejándose de la decisión. También se enfocan en los defectos de las personas en lugar de sus puntos positivos y podrían hablar mal de los demás y difundir ese tipo de cosas, alejando así a las personas entre sí.

Cuando estamos en torno a este tipo de personas, podemos sentir como que estamos sentados en una cama de espinas y no tenemos paz. Donde hay quebrantadores de paz, siempre hay problemas, aflicciones y pruebas. Si la paz se quebranta en un país, la familia, el lugar de trabajo, una iglesia, o cualquier grupo, el pasadizo para las bendiciones se bloqueará y habrá muchas dificultades.

En una obra de teatro, el héroe o la heroína es por supuesto importante, pero el resto de los roles y las actividades de apoyo de cada uno de los del equipo, también son importantes. Lo mismo sucede con todas las organizaciones. A pesar de que puede parecer algo trivial, cuando cada uno hace su trabajo correctamente, la tarea puede ser plenamente cumplida, y a esa persona se le pueden encomendar funciones más importantes después. Además, no hay que ser arrogante solo porque el trabajo que se está haciendo es importante. Cuando también se ayuda a otros a crecer juntos, todas las responsabilidades se pueden realizar de forma pacífica.

Romanos 12:18 dice: *"Si es posible, en cuanto dependa de vosotros, estad en paz con todos los hombres."* Hebreos 12:14 dice: *"Seguid la paz con todos, y la santidad, sin la cual nadie verá al Señor."*

En este caso la "paz" es poder estar de acuerdo con las opiniones de los demás, incluso si nuestras opiniones son correctas. Es poder brindar consuelo a las demás personas. Se trata de un corazón generoso con el que podemos estar de acuerdo con cualquier cosa, siempre y cuando esté dentro del límite de la verdad. Es además buscar el beneficio de las demás personas y no tener ningún favoritismo. Se trata de no tener ningún problema o conflicto con los demás, absteniéndose de expresar oposición a la opinión personal y no mirar los defectos de los demás.

Los hijos de Dios no solo deben mantener la paz entre el esposo y la esposa, los padres y los hijos, y entre hermanos y vecinos, sino que también deben tener paz con todas las personas. Deben tener paz no solo con aquellos que aman sino con aquellos que los odian y les hacen pasar un mal rato. Es especialmente importante mantener la paz en la iglesia. Dios no puede obrar si la paz se ha quebrantado. Esto solo da la oportunidad a Satanás para acusarnos. Además, incluso si trabajamos duro y alcanzamos grandes metas en el ministerio de Dios, no podemos ser elogiados si la paz ha sido quebrantada.

En Génesis 26, Isaac mantuvo la paz con todo el mundo, incluso en una situación en la que otras personas lo estaban desafiando. Fue cuando Isaac, en un intento de evitar la hambruna, se dirigió al lugar donde los filisteos estaban viviendo. Él había recibido las bendiciones de Dios, y el número de sus rebaños y manadas aumentó y tuvo un hogar muy grande. Los filisteos estaban celosos de él y taparon el pozo de Isaac llenándolo con tierra.

Las personas no tenían suficiente lluvia en esa zona, y sobre todo en verano no había lluvia. Los pozos de agua eran su recurso vital. Sin embargo, Isaac no discutió ni peleo con ellos, simplemente dejó ese lugar y cavó otro pozo de agua. Cada vez que encontraba un pozo de agua después de una gran cantidad de dificultades, los filisteos insistían en que el pozo era de ellos. Sin embargo, Isaac nunca protestó y cada vez les entregaba los pozos. Él simplemente se dirigía hacia otro lugar y cavaba otro pozo de agua.

Este ciclo se repitió muchas veces, pero Isaac solo trató a las personas de manera bondadosa, y Dios lo bendijo para obtener un pozo de agua donde sea que iba. Al ver esto, los filisteos se dieron cuenta de que Dios estaba con él y lo dejaron de molestar. Si Isaac hubiera tenido altercados o hubiera peleado con ellos porque era tratado injustamente, se habría convertido en su enemigo y hubiera tenido que salir de ese lugar. A pesar de que podría haber hablado a favor de sí mismo de una manera justa y equitativa, no habría funcionado ya que los filisteos estaban buscando pelear con malas intenciones. Por esta razón, Isaac los trató con bondad y dio sus frutos de paz.

De esta manera, si tenemos el fruto de paz, Dios controla todas las situaciones para que podamos prosperar en todas las cosas. Ahora, ¿cómo podemos producir este fruto de paz?

Con el fin de producir el fruto de paz

Primero: debemos tener paz con Dios.

Lo más importante para mantener la paz con Dios es que no debe existir ningún muro de pecado. Adán tuvo que esconderse de Dios ya que él quebrantó Su Palabra y comió del fruto prohibido (Génesis 3:8). En el pasado, él sintió una intimidad muy estrecha con Dios, no obstante, luego la presencia de Dios trajo a su vida sentimientos de miedo y de distanciamiento. Esto se debió a que la paz con Dios se había quebrantado por su pecado.

Lo mismo sucede con nosotros. Cuando actuamos en la verdad, podemos estar en paz con Dios y tener confianza delante de Él. Por supuesto, con el fin de tener paz completa y perfecta, tenemos que desechar todos los pecados y la maldad de nuestro corazón y ser santificados. Sin embargo, a pesar de que todavía no somos perfectos, siempre y cuando practiquemos la verdad con diligencia en la medida de nuestra fe, podemos tener paz con Dios. No podemos tener perfecta paz con Dios desde el principio, pero podemos tener paz con Dios cuando tratamos de seguir la paz con Él dentro de la medida de nuestra fe.

Incluso cuando intentamos tener paz con las demás personas, primeramente debemos buscar la paz con Dios. A pesar de que tenemos que buscar la paz con nuestros padres, hijos, cónyuges, amigos y compañeros de trabajo, jamás debemos hacer algo que esté en contra de la verdad. Es decir, no debemos quebrantar la paz con Dios para seguir la paz con los demás.

Inclinarnos ante ídolos o quebrantar el día de reposo, por ejemplo, a fin de tener paz con los familiares no creyentes. Puede parecer que tengamos paz por un momento, pero, de hecho, hemos quebrantado gravemente la paz con Dios mediante la creación de un muro de pecado ante Él. No podemos cometer pecados para tener paz con las personas. Además, si quebrantamos el día de reposo para asistir al matrimonio de un familiar o amigo, es quebrantar la paz con Dios mismo y, después de todo, tampoco podemos tener paz verdadera con dichas personas.

Para que tengamos verdadera paz con los hombres, primero tenemos que agradar a Dios. Entonces, Dios apartará al enemigo diablo y Satanás, y cambiará la mentalidad de las personas malas, para que podamos tener paz con todos. Proverbios 16:7 dice: *"Cuando los caminos del hombre son agradables a Jehová, aun a sus enemigos hace estar en paz con él."*

Por supuesto, la otra persona puede seguir infringiendo la paz con nosotros a pesar de que hacemos todo lo posible dentro de la verdad. En tal caso, si reaccionamos dentro de la verdad hasta el final, Dios eventualmente obrará para el bienestar de todos. Este fue el caso de David y el rey Saúl. Debido a los celos del rey Saúl, él trató de matar a David, sin embargo, David lo trató con bondad hasta el final. David tuvo varias oportunidades para matarlo, pero él optó por buscar la paz con Dios siguiendo la bondad. Finalmente, Dios permitió que David se sentara en el trono para devolverle sus buenas obras.

Segundo: debemos tener paz con nosotros mismos.
Con el fin de tener paz con nosotros mismos, debemos desechar toda forma de maldad y llegar a santificarnos. Mientras tengamos maldad en nuestro corazón, nuestra maldad se agita de acuerdo a las diferentes situaciones, y así se quebrantará la paz. Podríamos pensar que tenemos paz cuando las cosas van bien cuando pensamos que así es, pero la paz se quebranta cuando las cosas no están bien y estas afectan la maldad en nuestro corazón. ¡Es algo totalmente incómodo cuando el odio o la ira arde en nuestro corazón! Pero podemos tener paz en el corazón, sin importar cuáles sean las circunstancias, si seguimos eligiendo la verdad.

Algunas personas, sin embargo, no tienen la paz verdadera en sus corazones a pesar de que tratan de practicar la verdad para tener paz con Dios. Esto es porque tienen justicia propia y los criterios de su personalidad.

Por ejemplo, algunas personas no tienen paz en sus mentes, ya que están demasiado atadas por la Palabra de Dios. Al igual que Job, antes de atravesar por las pruebas, las personas oran arduamente e intentan vivir de acuerdo a la Palabra de Dios, pero no lo hacen debido a su amor a Dios, sino que viven de acuerdo a la palabra de Dios por temor a los castigos y represalias de Dios. Y si por casualidad deben quebrantar la verdad en alguna circunstancia, se ponen muy nerviosos temiendo que quizás deban enfrentarse a consecuencias desfavorables.

En este tipo de casos, ¡cuán afligido se sentirá su corazón aunque estén diligentemente practicando la verdad! Por lo tanto, su crecimiento espiritual se detiene o pierden el gozo. Después de todo, ellos están sufriendo debido a su arrogancia y sus patrones de pensamiento. En este caso, en lugar de estar obsesionados con los actos de guardar la ley, tienen que tratar de cultivar el amor a Dios. Uno puede disfrutar de la paz verdadera si ama a Dios con todo su corazón y se da cuenta del amor de Dios.

Aquí hay otro ejemplo. Algunas personas no tienen paz con sí mismos debido a sus pensamientos negativos. Intentan practicar la verdad, pero se condenan a sí mismos y provocan dolor en sus corazones si es que no obtienen los resultados que anhelan. Sienten lástima ante Dios y se afligen pensando que les falta mucho. Pierden la paz pensando: "¿Qué pasa si la gente a mi alrededor está decepcionada de mí? ¿Qué pasaría si me dejaran?"

Tales personas deben convertirse en hijos espirituales. El pensamiento de tales hijos que creen en el amor de sus padres es relativamente muy simple. Incluso si cometen errores, no se esconden de sus padres, sino que van a su seno diciendo que van a mejorar. Si dicen que lo lamentan y que se esforzarán con un rostro amorosamente confiado, probablemente causarán que sus padres sonrían a pesar de que estaban tratando de regañar a sus hijos.

Por supuesto, esto no significa que se debe decir simplemente en todo tiempo que se esforzará por hacer mejor, pero se sigue cayendo en los mismos errores. Si usted realmente desea apartarse del pecado y hacer mejor la próxima vez, ¿por qué razón apartaría Dios Su rostro de usted? Aquellos que realmente se arrepienten no se afligen o desaniman a causa de otras personas. Por supuesto, es posible que deban recibir algún castigo o que sean colocados en un lugar muy humilde por algún tiempo, de acuerdo a la justicia. Sin embargo, si están realmente seguros del amor de Dios hacia ellos, pueden aceptar con agrado la represión de Dios y no se preocuparán acerca de las opiniones o comentarios de otras personas.

Por el contrario, Dios no se complace si siguen dudando, pensando que no fueron perdonados de sus pecados. Si se han arrepentido verdaderamente y se apartan de sus caminos, es agradable a los ojos de Dios el creer que son perdonados. Incluso si hay pruebas causadas por sus malas acciones, se convierten en bendiciones si las aceptan con alegría y gratitud.

Por consiguiente, debemos creer que Dios nos ama a pesar de que aún no somos perfectos, y que Él nos hará perfectos si seguimos intentando cambiar nuestro ser. Además, si desmayamos por causa de las pruebas, tenemos que confiar en que Dios a Su tiempo nos levantará. No debemos perder la paciencia con el deseo de ser reconocidos por las personas. Si simplemente seguimos atesorando el corazón y los hechos veraces, podemos tener paz con nosotros mismos, así como la confianza espiritual.

Tercero: debemos tener paz con los demás.

Con el fin de buscar la paz con todos, tenemos que ser capaces de sacrificarnos. Debemos sacrificarnos por los demás, incluso al punto de entregar nuestra propia vida. Pablo dijo: "Cada día muero", y de igual manera, no debemos insistir en nuestras cosas, nuestro punto de vista o preferencias para poder tener paz con todas las personas.

Para tener paz, no debemos actuar inapropiadamente o tratar de hacer alarde y presumir de nosotros mismos, sino que debemos humillarnos de corazón y levantar a los demás. No debemos ser parciales, pero al mismo tiempo, debemos ser capaces de aceptar las diferentes formas de los demás, es decir, si está dentro de la verdad. No debemos pensar en la medida de nuestra propia fe, sino desde el punto de vista de los demás. A pesar de que nuestra opinión es correcta, o tal vez incluso mejor, deberíamos ser capaces de seguir las opiniones de otras personas.

Esto no significa, sin embargo, que debemos dejar que sean lo que quieren ser y que sigan su camino a pesar de que estén yendo por el camino de la muerte por cometer pecados. Tampoco hay que transigir con ellos o ser parte con ellos de sus prácticas de falsedades. A veces deberíamos aconsejarles o amonestarlos con amor. Podemos recibir grandes bendiciones cuando buscamos la paz en los límites de la verdad.

A continuación, para tener paz con todos, no debemos insistir en nuestra propia justicia y criterios. Los 'criterios' son lo que uno piensa que es correcto desde el interior de la propia personalidad individual de uno, el sentido de propiedad y de la preferencia. En este caso, la 'arrogancia' es buscar forzar en los demás la opinión personal de alguien, su creencias e ideas, las cuales uno considera superiores. La arrogancia y los criterios personales son manifestados de varias formas en nuestras vidas.

¿Qué sucede si una persona quebranta los reglamentos de la empresa para justificar sus acciones pensando para sí mismo que los reglamentos están equivocados? Puede pensar que él está haciendo lo que es correcto, pero, obviamente, su jefe o compañeros de trabajo podrían pensar lo contrario. Además, va en acuerdo con la verdad el seguir las opiniones de otros, siempre y cuando no sean falsedades.

Cada individuo tiene una personalidad diferente, porque cada uno ha sido educado en diferentes entornos. Cada uno ha recibido educación y medidas de fe diferentes, por lo tanto, cada persona tiene un nivel diferente de juzgar correcta o incorrectamente, y lo que es bueno o malo. Una persona puede pensar que una cosa determinada es correcta, mientras que otra piensa que es algo incorrecto.

Por ejemplo: hablemos de la relación entre un esposo y una esposa. El marido quiere que la casa siempre se mantenga de manera impecable, sin embargo la mujer no lo hace. El esposo soporta esto con amor en el principio, y él mismo hace la limpieza, pero a medida que esto sigue pasando, él se siente frustrado. Empieza a pensar que su esposa no tuvo una educación adecuada en el hogar. Se pregunta por qué no puede hacer algo que es tan simple y adecuado. No entiende por qué sus hábitos no cambian, incluso después de muchos años, a pesar de sus consejos frecuentes.

Por otra parte la esposa también tiene algo para decir. Su decepción crece con respecto al pensamiento de su marido: "Yo no existo solo para limpiar y hacer las tareas del hogar. A veces si no puedo hacer la limpieza, debe hacerlo él mismo. ¿Por qué se queja tanto cuando tiene que hacerlo? Parecía que él estaba dispuesto a hacer cualquier cosa por mí antes, pero ahora se queja sobre estos asuntos tan triviales. ¡Incluso habla acerca de la educación que me dio mi familia!" Si cada uno de ellos insiste en sus propias opiniones y deseos, no podrán tener paz. La paz solo puede establecerse cuando consideran el punto de vista del otro y se sirven entre ellos, y no cuando piensan solo con sus propios puntos de vista.

Jesús nos dijo que, cuando damos nuestras ofrendas a Dios, si tenemos algo en contra de uno de nuestros hermanos, primeramente debemos reconciliarnos con ellos y luego volver a hacer la ofrenda (Mateo 5:23-24). Nuestras ofrendas serán aceptadas por Dios solo después de que tengamos paz con ese hermano y demos la ofrenda.

Los que tienen paz con Dios y con ellos mismos no quebrantarán la paz con los demás. No pelearán con nadie porque ya deben haber desechado su avaricia, la arrogancia, el orgullo, la soberbia y sus propios criterios. Aun cuando los demás son malos y causan problemas, estas personas se sacrifican a sí mismas para finalmente hacer las paces.

Las palabras bondadosas son importantes

Existen un par de cosas que debemos tener en cuenta cuando tratamos de buscar la paz. Es sumamente importante hablar solo palabras buenas para mantener la paz. Proverbios 16:24 dice: *"Panal de miel son los dichos suaves; suavidad al alma y medicina para los huesos."* Las buenas palabras proveen fortaleza y ánimo a aquellos que se encuentran desalentados, y se convierten en buena medicina para revivir las almas que están muriendo.

Por el contrario, las palabras malvadas acaban con la paz. Cuando Roboam, hijo de Salomón, ascendió al trono, los pueblos de las diez tribus pidieron al rey que redujera su carga laboral. El rey les respondió: *"...mi padre hizo pesado vuestro yugo, pero yo añadiré a vuestro yugo; mi padre os castigó con azotes, mas yo con escorpiones"* (2 Crónicas 10:14). Debido a estas palabras, el rey y el pueblo estaban en enemistad, lo que finalmente dio lugar a la división del país en dos.

La lengua del hombre es una parte muy pequeña del cuerpo, pero tiene un poder tremendo. Es muy parecido a una pequeña llama que puede convertirse en un gran incendio y causar un gran daño si no se controla. Por esta razón, Santiago 3:6 dice: *"Y la lengua es un fuego, un mundo de maldad. La lengua está puesta entre nuestros miembros, y contamina todo el cuerpo, e inflama la rueda de la creación, y ella misma es inflamada por el infierno."* Además, en Proverbios 18:21 leemos: *"La muerte y la vida están en poder de la lengua, y el que la ama comerá de sus frutos."*

Sobre todo, si hablamos palabras de resentimiento o queja debido a las diferencias en las opiniones, estas contienen malos sentimientos, y por lo tanto, el diablo enemigo y Satanás trae acusaciones a causa de ellas. También, hay una diferencia muy grande entre albergar las quejas y los resentimientos y revelar tales sentimientos de manera externa en palabras y acciones. Guardar una botella de tinta en el bolsillo es una cosa, pero abrir la tapa y verter la tinta es otra cosa muy distinta. Si se vierte la tinta, manchará a la gente que le rodea, así como a usted mismo.

De igual manera, cuando usted trabaja en la obra de Dios, es posible que se queje porque hay cosas que no están de acuerdo con sus ideas. Entonces, algunos que están de acuerdo con sus ideas hablarán de la misma manera. Si el número se incrementa a dos y tres, se convierte en una sinagoga de Satanás. La paz en la iglesia se quebrantará y el crecimiento de la misma se detendrá. Por consiguiente, siempre debemos ver, escuchar y hablar solo cosas buenas (Efesios 4:29). Nosotros no deberíamos ni siquiera escuchar las palabras que no pertenecen a la verdad o a la bondad.

Piense sabiamente desde el punto de vista de los demás

Lo que tenemos que considerar en segundo lugar es un caso en el que usted no tiene ningún rencor en contra de la otra persona, pero esa persona está quebrantando la paz. En ese caso, usted tiene que pensar si realmente es culpa de la otra persona. A veces, sin que se dé cuenta, usted mismo es la causa de las razones por las que los demás quebrantan la paz.

Usted puede herir sus sentimientos debido a su falta de consideración o palabras y conductas imprudentes. En tal caso, si sigue pensando que no albergan resentimientos contra la otra persona, puede no tener paz con esa persona, ni llegar a una autorrealización que le permite cambiar. Debe ser capaz de comprobar si usted es realmente un pacificador, incluso desde el punto de vista de la otra persona.

Desde el punto de vista de un líder, podría pensar que está manteniendo la paz, pero sus trabajadores podrían estar teniendo un mal rato. Ellos no pueden expresar abiertamente sus sentimientos a sus superiores, solo pueden soportarlos y estar heridos por dentro.

Existe un famoso episodio sobre el Primer Ministro Hwang Hee de la Dinastía Chosun. Vio a un granjero que araba su campo con dos toros. El ministro le preguntó al agricultor con voz fuerte: "¿Cuál de los dos toros trabaja más duro?" El agricultor de repente tomó los brazos del Primer Ministro y lo llevó a un lugar distante. Él susurró en sus oídos: "El negro es a veces lento, pero el amarillo trabaja duro." "¿Por qué has tenido que traerme aquí y susurrarme al oído para hablar acerca de los toros?" preguntó Hwang Hee, con una sonrisa en su rostro. El agricultor le respondió: "Incluso a los animales no les gusta cuando se habla algo malo de ellos." Se dice que Hwang Hee se dio cuenta de su falta de consideración.

¿Qué hubiera sucedido si algunos de los toros se hubiera dado cuenta lo que había dicho el agricultor? El toro amarillo se habría vuelto arrogante, y el toro negro habría estado celoso y habría causado problemas al toro amarillo o se habría desalentado y trabajaría menos que antes.

De esta historia podemos aprender sobre la consideración, incluso para los animales, y que debemos tener cuidado de no hablar ninguna palabra o mostrar alguna acción que pueda ser de favoritismo. Ya que donde hay favoritismo, hay celos y arrogancia. Por ejemplo, si elogia a una sola persona ante mucha gente, o si reprende solo a una persona delante de mucha gente, entonces usted está poniendo las bases para el surgimiento de la disensión. Usted debe tener cuidado y ser lo suficientemente sabio como para no causar este tipo de problemas.

Además, hay personas que sufren a causa del favoritismo y la discriminación de sus jefes, y sin embargo, cuando ellos mismos se convierten en jefes, discriminan a ciertos individuos y muestran favoritismo hacia los demás. Pero entendemos que si usted sufrió tal grado de injusticia, debe tener cuidado en sus palabras y comportamientos para que de esta manera no se quebrante la paz.

Paz verdadera en el corazón

Otra de las cosas que debemos considerar para alcanzar la paz es que la paz verdadera debe llevarse a cabo dentro del corazón. Incluso aquellos que no tienen paz con Dios o consigo mismos pueden tener paz con otras personas hasta cierto punto. Muchos creyentes siempre se enteran de que no deben quebrantar la paz, por lo que podrían ser capaces de controlar sus malos sentimientos y no tener confrontaciones con otros que tienen opiniones diferentes a las suyas. No obstante, el hecho de no tener un conflicto visible, no significa que han dado los frutos de la paz. El fruto del Espíritu no nace solo en lo externo sino también en el corazón.

Por ejemplo, si la otra persona no le sirve o no le reconoce, se siente resentido, pero puede ser que no lo exprese exteriormente. Quizás llegue a pensar: '¡Debo tener un poco más de paciencia!', e intenta servir a esa persona; pero supongamos que lo mismo le sucede nuevamente.

Entonces, es posible que usted acumule resentimiento. No se puede expresar directamente el resentimiento pensando que solo se hará daño a su orgullo, sino que es posible que critique indirectamente a esa persona. De alguna manera puede mostrar su sentido de estar sufriendo persecución. A veces, usted no comprende a los demás y eso impide que pueda tener paz con ellos, y por eso mantiene su boca cerrada por temor a que pueda tener peleas si es que discute. Deja de hablar con esa persona mirándola con desprecio y pensando: "Es una persona mala y tan insistente que no puedo hablar con ella."

De esta manera, usted no quebranta la paz en lo externo, pero tampoco tiene buenos sentimientos hacia esa persona. Usted no está de acuerdo con sus opiniones, e incluso puede sentir que no quiere estar cerca de ese individuo. Puede ser que incluso se queje de él por hablar con otros acerca de sus defectos, y muestra sus sentimientos poco confortables diciendo: "Él es una persona realmente mala. ¿Cómo alguien puede entender lo que hizo?, pero al actuar con bondad, aún lo soporto." Por supuesto, es mejor no quebrantar la paz de esta manera que quebrantarla directamente.

Sin embargo, para poder poseer paz verdadera, usted debe servir a los demás con el corazón. No debería suprimir tales sentimientos y todavía querer ser servido, sino que debería tener la buena voluntad de servir y buscar el beneficio de las demás personas.

No debería sonreír por fuera mientras está juzgando en su interior. Usted debe comprender a los demás desde el punto de ellos. Solo así el Espíritu Santo puede obrar. Incluso mientras estén buscando su propio beneficio, serán tocados en su corazón y así podrán cambiar. Cuando la persona involucrada tiene defectos, cada uno puede asumir la culpa. Eventualmente, todos podrán tener paz verdadera y podrán compartir su corazón.

Bendiciones para los pacificadores

Los que tienen paz con Dios, con ellos mismos y con el resto, tienen la autoridad para apartar a las tinieblas. Por lo tanto, pueden alcanzar la paz alrededor de ellos. Tal como está escrito en Mateo 5:9, que dice: *"Bienaventurados los pacificadores, porque ellos serán llamados hijos de Dios"*, ellos tienen la autoridad de un hijo de Dios; la autoridad de la luz.

Por ejemplo: si usted es un líder en la iglesia, puede ayudar a los creyentes a alcanzar el fruto de la paz. Es decir, puede darles la Palabra de verdad que tiene autoridad y poder, por lo que pueden apartarse de los pecados y quebrantar su arrogancia y sus propios criterios. Cuando se crean las sinagogas de Satanás, eso aparta a las personas entre sí, y pueden ser destruidas con el poder de sus palabras. De esta manera, se puede lograr la paz entre las diferentes personas.

Juan 12:24, dice: *"De cierto, de cierto os digo, que si el grano de trigo no cae en la tierra y muere, queda solo; pero si muere, lleva mucho fruto."* Jesús se sacrificó a Sí mismo y murió como un grano de trigo y produjo un sinnúmero de frutos. Él perdonó los pecados de innumerables almas que mueren y les permitió que tuvieran paz con Dios. Como resultado de ello, el Señor mismo se convirtió en Rey de reyes y Señor de señores, recibiendo gran honor y gloria.

Podemos obtener una cosecha abundante solo cuando nos sacrificamos. Dios el Padre quiere que sus amados hijos hagan sacrificios y que 'mueran como el trigo' para dar fruto abundante como lo hizo Jesús. Jesús también dijo en Juan 15:8: "En esto es glorificado mi Padre, en que llevéis mucho fruto, y seáis así mis discípulos." Como hemos leído, sigamos los deseos del Espíritu Santo para llevar el fruto de paz y para llevar a muchas almas al camino de la salvación.

Hebreos 12:14 dice: *"Seguid la paz con todos, y la santidad, sin la cual nadie verá al Señor."* Incluso si usted tiene toda la razón, si los demás tienen sentimientos incómodos por usted y si hay conflictos, no es correcto delante de Dios, y por lo tanto, usted debe examinarse a sí mismo. A continuación, puede convertirse en una persona santa que no tiene ninguna forma de maldad y que es capaz de ver al Señor. Al hacerlo, espero que usted disfrute de la autoridad espiritual en esta Tierra al ser llamado hijo de Dios, y llegar a un puesto de honor en el Cielo donde se puede ver al Señor todo el tiempo.

Santiago 1:4

"Mas tenga la paciencia su obra completa,

para que seáis perfectos y cabales,

sin que os falte cosa alguna."

Capítulo 5

Paciencia

La paciencia que no necesita ser paciente
El fruto de la paciencia
La paciencia de los padres de la fe
La paciencia para ir al reino de los Cielos

Paciencia

Muy a menudo parece que la felicidad en la vida depende de si podemos ser pacientes o no. Entre padres e hijos y esposos y esposas, entre los hermanos y con sus amigos, la gente hace cosas que lamentará mucho por no ser pacientes. El éxito y el fracaso en nuestros estudios, trabajo o negocio puede también depender de nuestra paciencia. La paciencia es un elemento muy importante en nuestras vidas.

La paciencia espiritual y lo que la gente del mundo piensa que es paciencia, son contundentemente diferentes la una de la otra. Las personas en este mundo soportan con paciencia, pero es la paciencia carnal. Si tienen malos sentimientos, sufren en gran manera intentando poder suprimirlos. Es posible que aprieten sus dientes o incluso que dejen de comer. Finalmente esto conduce a problemas de nerviosismo o depresión. Sin embargo, dicen que las personas que pueden suprimir sus sentimientos muestran gran paciencia. No obstante, esta no es paciencia espiritual en absoluto.

La paciencia que no necesita ser paciente

Paciencia espiritual no es ser paciente con el mal, sino solo con la bondad. Si usted es paciente con la bondad, podrá vencer las dificultades con una actitud de gratitud y de esperanza. Esto le conducirá a tener un corazón amplio. Por el contrario, si usted es paciente con el mal, los malos sentimientos se acumulan y su corazón se volverá cada vez más áspero.

Supongamos que alguien le está maldiciendo y le provoca dolor sin causa. Puede sentir que su orgullo ha sido herido e incluso se siente victimizado, pero también puede suprimirlo pensando que debe ser paciente de acuerdo a la Palabra de Dios. Pero su cara se pone roja, la respiración se hace más rápida, y aprieta sus labios a medida que trata de controlar sus pensamientos y emociones. Si suprime los sentimientos de esta manera, más adelante podrían surgir más si las cosas se ponen peor. Este tipo de paciencia no es paciencia espiritual.

Si tiene paciencia espiritual, su corazón no se sentirá agitado por ninguna cosa. Incluso si fuera injustamente acusado de algo, usted trataría de dejar que otras personas estén a gusto pensando que debe haber algún tipo de malentendido. Si tiene este tipo de corazón, usted no tendrá que 'soportar' o 'perdonar' a nadie. Permítame darle una ilustración sencilla.

En una fría noche de invierno, cierta casa tiene las luces encendidas hasta altas horas. Hay un bebé en la casa, el que tiene 40º C (104ºF) de fiebre. El padre del niño empapa su camiseta con agua fría y sostiene al bebé. Cuando el padre le coloca una toalla fría al niño, este se sorprende y siente desagrado. Sin embargo, el bebé recibe consuelo en los brazos de su padre a pesar de que la camiseta se siente fría por un momento.

Cuando la camiseta se vuelve a calentar debido a la fiebre del bebé, el padre la vuelve a mojar con agua fría. El padre tuvo que mojar la camiseta decenas de veces antes de que amanezca, aunque parece no tener ningún cansancio. Al contrario, él estaba mirando con ojos de amor a su bebé que dormía en la seguridad de sus brazos.

A pesar de que había estado despierto toda la noche, no se quejaba de tener hambre o cansancio. No tuvo el tiempo necesario para estar pensando en su propias necesidades. Toda su atención estaba centrada en el niño y pensando en cómo hacer que su hijo se sienta mejor y más cómodo. Y cuando el bebé se sintió mejor, él no pensó en su propia fatiga. Cuando amamos a alguien, podemos automáticamente soportar dificultades y fatiga y, por consiguiente, no tendremos que ser pacientes acerca de nada. Este es el significado espiritual de la 'paciencia.'

El fruto de la paciencia

Podemos encontrar la 'paciencia' en 1 Corintios 13, el 'Capítulo del Amor', y esta es la paciencia para cultivar el amor. Dice que el amor no busca lo suyo, por ejemplo. Con el fin de renunciar a lo que queremos y buscar el beneficio de los demás primero, conforme a esta palabra, nos enfrentaremos a las situaciones que requieren nuestra paciencia. La paciencia en el 'Capítulo del Amor', es la paciencia para cultivar el amor.

No obstante, la paciencia que es uno de los frutos del Espíritu Santo es la paciencia en todas las cosas. Esta paciencia se encuentra en un nivel más alto que la paciencia en el amor espiritual. Existen dificultades cuando intentamos alcanzar nuestras metas, ya sea por el reino de Dios, o por santificación personal. Habrá llanto y arduo trabajo, gastando todas nuestras energías. Sin embargo, podemos soportar pacientemente con fe y amor, porque tenemos la esperanza de cosechar el fruto. Este tipo de paciencia es la paciencia como uno de los frutos del Espíritu Santo. Existen tres aspectos de esta paciencia.

Primero: paciencia para cambiar nuestro corazón.
Mientras más maldad tengamos en el corazón, más difícil es ser

paciente. Si tenemos medidas de ira, arrogancia, codicia, farisaísmo y criterios personales, tendremos mal carácter y sentimientos que pueden surgir sobre asuntos triviales.

Había un miembro de la iglesia cuyo ingreso mensual era de unos 15 000 dólares, y en un determinado mes sus ingresos fueron mucho menores de lo habitual. Entonces, de mala gana se quejó contra Dios. Más tarde confesó que no estaba agradecido por la afluencia que había estado disfrutando porque tenía codicia en su corazón.

Deberíamos estar agradecidos por todo lo que Dios nos ha dado, a pesar de que no ganemos mucho dinero. Entonces, la codicia no crecerá en nuestro corazón y seremos capaces de recibir las bendiciones de Dios.

Sin embargo, a medida que desechamos la maldad y somos santificados, se hace cada vez más fácil ser paciente. Podemos soportar en silencio, incluso situaciones difíciles, y comprender y perdonar a los demás sin tener que suprimir nada.

Lucas 8:15 dice: *"Mas la que cayó en buena tierra, éstos son los que con corazón bueno y recto retienen la palabra oída, y dan fruto con perseverancia."* Es decir, aquellos que tienen buenos corazones como buena tierra, pueden ser pacientes hasta que producen buenos frutos.

Sin embargo, aún necesitamos perseverancia y tenemos que hacer un esfuerzo para cambiar nuestros corazones en tierra buena. La santidad no se puede lograr de forma automática con solo nuestro deseo de tenerla. Debemos ser obedientes a la verdad mediante la oración ferviente con todo nuestro corazón y con ayuno. Tenemos que dejar lo que alguna vez amamos, y si algo no es espiritualmente beneficioso, simplemente tenemos que desecharnos de ello. No debemos detenernos a la mitad o simplemente dejar de tratar después de intentarlo un par de veces. Hasta que lleguemos al fruto de la santificación completamente y hasta que alcancemos nuestra meta, debemos esforzarnos con dominio propio y actuar mediante la Palabra de Dios.

El destino final de nuestra fe es el reino de los cielos, y en especial, la morada más hermosa, la Nueva Jerusalén. Tenemos que seguir adelante con diligencia y paciencia hasta llegar a nuestro destino.

Sin embargo, a veces vemos casos en que las personas experimentan una desaceleración en la velocidad de santificación de sus corazones después de llevar una vida cristiana diligente.

Desechan las 'obras de la carne' de forma rápida, ya que son los pecados que se pueden observar en lo externo, pero debido a que las 'cosas de la carne' no se ven en el exterior, la rapidez con la que las desechan se ve dificultada. Cuando encuentran la falsedad en ellos, oran fervientemente para desecharla, pero simplemente se olvidan después de varios días. Si desea quitar una mala hierba por completo, no arranca simplemente la hoja, sino que tiene que sacarla de raíz. Este mismo principio se aplica a la naturaleza pecaminosa. Usted debe orar y cambiar su corazón hasta el final, hasta que arranque la raíz de la naturaleza pecaminosa.

Cuando yo era un nuevo creyente, oré para desechar ciertos pecados porque pude entender, al leer la Biblia, que Dios aborrece los atributos pecaminosos como el odio, el mal temperamento y la arrogancia en gran manera. Cuando me aferré con determinación a mis perspectivas egocéntricas, no podía desechar el odio y los malos sentimientos de mi corazón. Sin embargo, mediante la oración Dios me dio la gracia para comprender a los demás desde sus puntos de vista. Todos mis resentimientos contra ellos se desvanecieron y mi odio se había ido.

Aprendí a ser paciente al desechar mi odio. En una situación en la cual fui acusado injustamente, conté en mi mente: "Uno, dos, tres, cuatro...", y guardé las palabras que quería hablar. Al principio fue difícil mantener mi temperamento, pero a medida que seguí intentando, mi ira y enojo se fueron poco a poco. Eventualmente, incluso en una situación que provocó mucho a la ira, no tuve nada que saliera de mi mente.

Creo que me tomó tres años el poder despojarme de la arrogancia. Cuando era un neófito en la fe ni siquiera sabía lo que era la arrogancia, pero yo solo pedía poder desecharla. Seguía examinando mi vida mientras oraba. Como uno de los resultados, fui capaz de respetar y honrar, incluso a las personas que parecían ser inferiores a mí en muchos aspectos. Luego, pude llegar a servir a pastores colegas con la misma actitud si estaban en posiciones de liderazgo o simplemente recién ordenados. Después de orar pacientemente durante tres años, me di cuenta que no tenía ningún rasgo de arrogancia en mí, y desde ese momento en adelante ya no tuve que orar más por la arrogancia.

Si usted no arranca la raíz de la naturaleza pecaminosa, ese rasgo particular de pecado surgirá en una situación extrema. Puede estar decepcionado cuando se da cuenta de que todavía tiene el carácter del corazón falso el cual pensaba que ya había desechado. Es posible que se desanime pensando: 'Me he esforzado en gran manera para poder desecharlo, pero todavía está en mí.'

Es posible que encuentre formas de falsedad en usted hasta que pueda arrancar la raíz original de la naturaleza pecaminosa, pero esto no significa que no ha logrado un progreso espiritual. Cuando usted pela una cebolla, se puede ver el mismo tipo de capas que salen una y otra vez. No obstante, si continúa pelando la cebolla sin detenerse, finalmente la cebolla desaparecerá. Lo mismo sucede con nuestra naturaleza pecaminosa. No debe desanimarse por el simple hecho de que aún no la ha desechado por completo. Debe tener paciencia hasta el final y continuar esforzándose aún más mientras tiene puesta la mirada en verse totalmente cambiado.

Algunas personas se desalientan si no reciben bendiciones materiales inmediatamente luego de actuar mediante la Palabra de Dios. Piensan que no reciben nada a cambio excepto pérdida cuando actúan con bondad. Algunas personas incluso se quejan de que van a la iglesia con diligencia, pero que no reciben bendiciones. Por supuesto, no hay razón para quejarse. Es solo que no reciben las bendiciones de Dios porque todavía están practicando falsedades y no están desechando las cosas que Dios nos dice que debemos desechar.

El hecho de que se están quejando demuestra que el enfoque de su fe está fuera de lugar. Usted no se cansará si actúa con misericordia y verdad con fe. Cuanto más actúa con la bondad, más alegre se vuelve, por lo que llega a anhelar mucho más las cosas pertenecientes a la bondad. Cuando usted se convierte en una persona santificada por la fe de esta manera, su alma prospera, todas las cosas le van bien y podrá disfrutar de salud.

Segundo: es el tipo de paciencia entre las personas.

Cuando usted interactúa con las personas que tienen diferentes personalidades y educación, es posible que surjan diferentes situaciones. Sobre todo, una iglesia es un lugar donde se reúnen personas de una amplia gama de trasfondos. Por ello, comenzando con asuntos triviales hasta los grandes y graves asuntos, usted puede tener diferentes pensamientos, y la paz podría también quebrantarse.

Entonces, es posible que las personas digan: "Su manera de pensar es completamente diferente a la mía. Es complicado para mí poder trabajar con él ya que cada uno de nosotros tenemos personalidades muy diferentes." Sin embargo, incluso entre el esposo y su mujer, ¿cuántas parejas habrá que puedan perfectamente hacer coincidir sus personalidades? Sus estilos de vida o gustos son diferentes, pero tienen que ceder el uno al otro para poder estar de acuerdo entre ellos.

Aquellos que anhelan la santificación serán pacientes en cualquier tipo de situación con cualquier tipo de persona y mantendrán la paz. Incluso en algunas situaciones difíciles e incómodas, tratarán de ser serviciales con los demás. Ellos siempre entienden a los demás con un buen corazón y son pacientes mientras buscan el beneficio de otros. Incluso cuando las demás personas actúan con maldad, ellos las toleran, y devuelven la maldad solo con bondad y no con la misma maldad.

Además de esto, tenemos que ser pacientes cuando evangelizamos o consolamos a las almas, o cuando entrenamos a los obreros de la iglesia para llevar a cabo el reino de Dios. Mientras he estado realizando el ministerio pastoral, he visto en algunas personas que sus cambios se realizaron muy lentamente. Cuando se hacen amigos del mundo y deshonran a Dios, he derramado muchas lágrimas de pesar, pero por mi parte yo nunca he renunciado a ellos. Yo siempre los tolero porque tengo la esperanza de que algún día cambiarán.

Cuando levanto obreros de la iglesia, tengo que ser paciente durante mucho tiempo. No puedo dirigir a todos mis subordinados y obligarlos a hacer lo que quiero. Aunque sé que las cosas van a llevarse a cabo un poco más despacio, no puedo quitarles la responsabilidad de los obreros de la iglesia, diciendo: "Tú no eres lo suficientemente capaz. ¡Estás despedido!" Yo simplemente tolero las cosas con ellos y los guío hasta que son capaces de hacerlo bien. Debo esperar por ellos durante cinco, diez o quince años, para que puedan tener la capacidad de cumplir con sus obligaciones a través de la formación espiritual.

No solo cuando no producen ningún fruto, sino también cuando hacen las cosas mal, padezco con ellos para que no tropiecen. Podría ser más fácil si otra persona que tiene la capacidad lo hace por ellos, o si esa persona es reemplazada por alguien que es más capaz, pero la razón por la que padezco con ellos hasta el final es por cuestión de cada una de las almas, y es también para llevar a cabo el reino de Dios de manera más completa.

Si usted siembra la semilla de la paciencia de esta forma, podrá sin duda obtener el fruto de acuerdo con la justicia de Dios. Por ejemplo: si usted padece con algunas almas hasta que cambien, orando por ellas con lágrimas, tendrá un corazón amplio como para poder albergar a todas. Por lo tanto, obtendrá la autoridad y el poder de revivir a muchas almas. Usted podrá obtener el poder para cambiar las almas que alberga en su corazón a través de la oración de un hombre justo. Además, si usted controla su corazón y siembra la semilla de la perseverancia incluso frente a las falsas acusaciones, Dios le permitirá cosechar el fruto de las bendiciones.

Tercero: es la paciencia en nuestra relación con Dios.
Se refiere a la paciencia que debemos tener hasta que recibamos la respuesta a nuestras oraciones. Marcos 11:24 dice: *"Por tanto, os digo que todo lo que pidiereis orando, creed que lo recibiréis, y os vendrá."* Nosotros podemos creer en todas las palabras de los sesenta y seis libros de la Biblia si tenemos fe. Hay promesas de Dios que dicen que recibiremos lo que pedimos, y por lo tanto, podemos lograr cualquier cosa con la oración.

Por supuesto, esto no quiere decir que simplemente podemos orar y no hacer nada, sino que debemos practicar la Palabra de Dios de tal manera que podamos recibir las respuestas. Un estudiante cuyas calificaciones se ubican en la mitad de su clase, por ejemplo, ora para convertirse en el mejor estudiante. Pero él sueña despierto en sus clases y no estudia. ¿Será capaz de llegar a ser de los mejores en su clase? Él tiene que estudiar mucho mientras ora fervientemente para que Dios pueda ayudarle a convertirse en el mejor de su clase.

Lo mismo sucede con los negocios. Usted quizás ora fervientemente para que su negocio prospere, sin embargo, su meta es tener otra casa, invertir en bienes raíces y comprarse un automóvil muy lujoso. ¿Recibirá la respuesta a su oración? Por supuesto, Dios desea que Sus hijos puedan llevar una vida en abundancia, pero Él no está contento con las oraciones que piden cosas solo para responder a la codicia de alguien. Pero si usted quiere recibir bendiciones para ayudar a los necesitados y apoyar las obras misioneras, y si usted sigue el camino correcto sin hacer nada ilegal, Dios ciertamente lo llevará al camino de las bendiciones.

Hay muchas promesas en la Biblia referentes a que Dios contestará las oraciones de Sus hijos. No obstante, en muchos casos las personas no reciben sus respuestas ya que no son lo suficientemente pacientes. Las personas quizás pidan por una respuesta inmediata, pero es posible que Dios no les responda inmediatamente.

Dios les responde en el momento más adecuado y oportuno, ya que Él lo sabe todo. Si el motivo de su petición de oración es algo grande e importante, Dios puede responder solo cuando se alcanza la cantidad la oración necesaria. Cuando Daniel oró para recibir la revelación de las cosas espirituales, Dios envió a su ángel para contestar esa oración tan pronto como Daniel se puso a orar. Sin embargo, tomó un período de veintiún días antes de que Daniel se reuniera con el ángel. Durante esos veintiún días, Daniel se mantuvo orando con el mismo corazón sincero como cuando él había comenzado a orar. Si realmente creemos que ya se nos ha dado algo, entonces no es difícil recibirlo. No hacemos más que pensar en la alegría que tendremos cuando realmente recibamos las soluciones al problema.

Algunos creyentes no pueden esperar hasta recibir lo que piden a Dios en oración. Pueden orar y ayunar para clamar a Dios, pero si la respuesta no llega lo suficientemente rápido, pueden rendirse y pensar que Dios no va a responderles.

Si realmente creyéramos y oráramos, no estaríamos desanimados ni nos daríamos por vencidos. No sabemos cuándo vendrá la respuesta: mañana, esta noche, después de la siguiente oración o después de un año. Dios conoce el tiempo perfecto para darnos la respuesta.

Santiago 1:6-8 dice: *"Pero pida con fe, no dudando nada; porque el que duda es semejante a la onda del mar, que es arrastrada por el viento y echada de una parte a otra. No piense, pues, quien tal haga, que recibirá cosa alguna del Señor. El hombre de doble ánimo es inconstante en todos sus caminos."*

Lo único importante es la firmeza con que creemos cuando oramos. Si realmente creemos que ya hemos recibido una respuesta, podemos estar felices y contentos en cualquier tipo de situación. Si tenemos la fe para recibir la respuesta, vamos a orar y actuar con fe hasta que el fruto se nos entregue en nuestras manos. Por otra parte, cuando pasamos por aflicciones del corazón o persecuciones mientras realizamos la obra de Dios, podemos dar frutos de bondad solo a través de la paciencia.

La paciencia de los padres de la fe

Habrá momentos difíciles cuando se corra una carrera de maratón. Y la alegría de terminar la carrera después de superar los momentos difíciles será tan grande que solo puede ser entendida por aquellos que la han experimentado. Los hijos de Dios que corren la carrera de la fe, es posible que también enfrenten dificultades de vez en cuando, sin embargo, pueden superar todas las cosas al poner su mirada en Jesucristo. Dios les dará Su gracia y Su fortaleza, y el Espíritu Santo también les ayudará.

Hebreos 12:1-2 dice: *"Por tanto, nosotros también, teniendo en derredor nuestro tan grande nube de testigos, despojémonos de todo peso y del pecado que nos asedia, y corramos con paciencia la carrera que tenemos por delante, puestos los ojos en Jesús, el autor y consumador de la fe, el cual por el gozo puesto delante de él sufrió la cruz, menospreciando el oprobio, y se sentó a la diestra del trono de Dios."*

Jesús sufrió mucho desprecio y burlas por parte de Sus criaturas hasta que cumplió la providencia de la salvación. No obstante, debido a que sabía que se sentaría a la diestra del trono de Dios y que se le daría la salvación a la humanidad, Él soportó hasta el final sin pensar en la vergüenza física. Después de todo, murió en la cruz tomando los pecados de la humanidad, pero Él resucitó al tercer día para abrir el camino de la salvación. Dios estableció a Jesús como el Rey de reyes y Señor de señores ya que Él obedeció hasta la muerte con amor y fe.

Jacob era nieto de Abraham y se convirtió en el padre de la nación de Israel. Jacob tenía un corazón persistente. Él tomó la primogenitura de su hermano Esaú mediante el engaño, y huyó a Harán, y en Betel recibió la promesa de Dios.

Génesis 28:13-14 dice: *"Y he aquí, Jehová estaba en lo alto de ella, el cual dijo: Yo soy Jehová, el Dios de Abraham tu padre, y el Dios de Isaac; la tierra en que estás acostado te la daré a ti y a tu descendencia. Será tu descendencia como el polvo de la tierra, y te extenderás al occidente, al oriente, al norte y al sur; y todas las familias de la tierra serán benditas en ti y en tu simiente. He aquí, yo estoy contigo, y te guardaré por dondequiera que fueres, y volveré a traerte a esta tierra; porque no te dejaré hasta que haya hecho lo que te he dicho."* Jacob sufrió durante veinte años en sus pruebas y, finalmente, se convirtió en el padre de todos los israelitas.

José fue el undécimo hijo de Jacob y el único que recibió todo el amor de su padre entre los otros hermanos. Un día él fue vendido como esclavo a Egipto por mano de sus propios hermanos. Se convirtió en esclavo en un país extranjero, pero él no se desanimó. Hizo todo lo posible en su trabajo y fue reconocido por su amo por su fidelidad. Su situación mejoró ya que él cuidó de todos los asuntos de la casa de su amo, sin embargo, fue injustamente acusado y puesto en prisión. Tuvo que pasar prueba tras prueba.

Por supuesto, todos los pasos fueron por la gracia de Dios, y un proceso a fin de prepararlo para convertirse en el primer ministro de Egipto; pero nadie lo sabía, excepto Dios. Sin embargo, José no se desanimó, incluso en la cárcel, ya que tenía fe y creía en la promesa de Dios que recibió en su infancia. Él creyó que Dios cumpliría con su sueño, en el que el sol y la luna y once estrellas en los cielos se inclinarían ante él, y que él permanecería firme ante toda situación. Él confiaba en Dios por completo, y tuvo que soportar en todos los asuntos y seguir el camino correcto de acuerdo a la Palabra de Dios. Su fe era en realidad verdadera.

¿Qué haría usted si se encontrara en la misma situación? ¿Puede usted imaginarse lo que sintió por 13 años desde el día en que fue vendido como esclavo? Es probable que usted ore mucho delante de Dios para salir de la situación. Es probable que usted mismo se examine y se arrepienta de todas las cosas que pueda pensar con el fin de recibir la respuesta de Dios. También clamará por la gracia de Dios quebrantado y con palabras sinceras. Y si no recibe la respuesta durante un año, dos años, y hasta diez años, sino que lo único que obtiene son situaciones más difíciles, ¿cómo se sentiría?

Fue encarcelado durante los años más vigorosos de su vida, y al ver que pasaban los días sin sentido, era posible que se haya sentido tan miserable si no hubiera tenido la fe que él tenía. Si él hubiera pensado en la vida en la casa de su padre, José se habría sentido aún más miserable. No obstante, él siempre confió en Dios que lo observaba, y creía firmemente en Su amor, que da lo mejor de Sí en el momento adecuado. Nunca perdió la esperanza, incluso en pruebas desmoralizantes, y actuó con fidelidad y bondad siendo paciente hasta que por fin su sueño se hizo realidad.

David también fue reconocido por Dios como un hombre conforme al corazón de Dios. Incluso después de haber sido ungido como el próximo rey, tuvo que pasar por muchas pruebas, además de ser perseguido por el rey Saúl. Tuvo que pasar por muchas situaciones cercanas a la muerte. Sin embargo, al soportar todas esas dificultades mediante la fe, se convirtió en un gran rey que pudo reinar sobre todo Israel.

Santiago 1:3-4 dice: *"Sabiendo que la prueba de vuestra fe produce paciencia. Mas tenga la paciencia su obra completa, para que seáis perfectos y cabales, sin que os falte cosa alguna."* Quiero animarle a cultivar por completo esta paciencia. Esa paciencia acrecentará su fe y hará que amplíe y profundice su corazón para que llegue a ser más maduro. Usted experimentará las bendiciones y las respuestas de Dios que Él prometió si alcanza completamente esta paciencia (Hebreos 10:36).

La paciencia para ir al reino de los Cielos

Nosotros necesitamos paciencia para ir al reino de los Cielos. Algunos dicen que disfrutarán del mundo mientras son jóvenes y que asistirán a la iglesia cuando sean mayores. Otros en cambio llevan vidas diligentes de fe con esperanza por la venida del Señor, pero luego pierden la paciencia y cambian de parecer. Debido a que el Señor no regresa tan pronto como pensaron, consideran que es muy difícil continuar siendo diligentes en la fe. Ellos dicen que van a tomar un descanso en la circuncisión de su corazón y en la realización de la obra de Dios, y cuando puedan estar seguros de ver la señal de la venida del Señor, entonces se esforzarán más.

No obstante, nadie sabe en qué momento Dios llamará nuestro espíritu o cuándo el Señor regresará. Incluso si pudiéramos saber ese momento con antelación, no podríamos tener la fe que nosotros quisiéramos. Los hombres no pueden simplemente tener la fe espiritual para recibir la salvación como ellos quieren, sino que es solo entregada mediante la gracia de Dios. El enemigo diablo y Satanás tampoco permitirá que reciban la salvación tan fácilmente. Por otra parte, si usted tiene la esperanza de ir a la Nueva Jerusalén en el Cielo, puede hacer todo con paciencia.

En Salmos 126:5-6 leemos: *"Los que sembraron con*

lágrimas, con regocijo segarán. Irá andando y llorando el que lleva la preciosa semilla; mas volverá a venir con regocijo, trayendo sus gavillas." Debe, sin duda, estar nuestro esfuerzo, lágrimas y sufrimiento, mientras sembramos las semillas y las cultivamos. A veces, la lluvia necesaria puede no venir, o podría haber huracanes o demasiada lluvia que dañe los cultivos, pero al final de la misma, seguramente tendremos la alegría de la cosecha abundante de acuerdo con las reglas de la justicia.

Dios espera mil años como un día para obtener hijos verdaderos, y cargó con el dolor de dar a Su Hijo unigénito por nosotros. El Señor soportó el sufrimiento de la cruz, y el Espíritu Santo también permanece con gemidos indecibles durante el tiempo del cultivo de la humanidad. Es mi anhelo que usted pueda cultivar de manera completa la paciencia espiritual, recordando este amor de Dios, para que pueda llevar muchos frutos de bendición; tanto en la Tierra como en el Cielo.

Lucas 6:36

"Sed, pues, misericordiosos,

como también vuestro Padre es misericordioso."

Contra Tales Cosas No Hay Ley

Capítulo 6

Benignidad

Comprender a los demás con el fruto de la benignidad
Necesidad de tener el corazón y los hechos como los del Señor
Desechar los prejuicios para tener benignidad
Misericordia para aquellos en dificultades
No señale con facilidad los defectos de los demás
Sea generoso con todas las personas
Atribuir el honor a los demás

Benignidad

A veces las personas dicen que no pueden entender a una determinada persona a pesar de que han tratado de entenderla, o que a pesar de que han tratado de perdonar a una persona, no pueden perdonarle. Sin embargo, si hemos producido el fruto de la benignidad en nuestro corazón, no hay nada que no podamos entender y no hay nadie a quien no podamos perdonar. Podremos ser capaces de entender cualquier tipo de persona con bondad y aceptar cualquier tipo de persona con amor. No diríamos que nos gusta una persona debido a cierta razón y que no nos gusta cierta persona debido a otra razón. No tendremos antipatía ni odio por otras personas. No tendríamos malas relaciones con los demás ni albergaríamos sentimientos adversos contra ellas, menos aún tendríamos enemigos.

Comprender a los demás con el fruto de la benignidad

La benignidad es la cualidad o el estado de ser benigno. Sin embargo, el significado espiritual de la benignidad está más relacionado a la misericordia, y el significado espiritual de la misericordia es 'comprender en la verdad incluso a aquellos que no pueden ser comprendidos en absoluto por las personas.' Es además el tipo de corazón que es capaz de perdonar en la verdad incluso a los que no pueden ser perdonados por los hombres. Dios muestra compasión hacia la humanidad con un corazón misericordioso.

Salmos 130:3 (LBLA) dice: *"Señor, si tú tuvieras en cuenta las iniquidades, ¿quién, oh Señor, podría permanecer?"* Como acabamos de leer, si Dios no tuviera misericordia y nos juzgara de acuerdo a Su justicia, nadie podría estar delante de Él. Mas Dios perdonó y aceptó incluso a aquellos que no podían ser perdonados ni aceptados si la justicia se aplicara estrictamente. Además, Dios ofreció la vida de Su único Hijo para salvar a este tipo de personas de la muerte eterna. Como nos hemos convertido en hijos de Dios al creer en el Señor, Dios quiere que nosotros cultivemos un corazón misericordioso. Por esta razón, en Lucas 6:36, Dios nos dice: *"Sed, pues, misericordiosos, como también vuestro Padre es misericordioso."*

Esta misericordia es algo similar al amor, pero es también diferente en diversas formas. El amor espiritual es capaz de sacrificarse por los demás sin poner ningún precio por ello, mientras que la misericordia se trata más del perdón y la aceptación. Específicamente, es ser capaz de aceptar y abrazar todo de una persona y no malinterpretar u odiarle, aunque no sea digna de recibir nada de amor. No tratará de evitar u odiar a alguien por el simple hecho de que su opinión es diferente a la suya, sino que al contrario, se convertirá en fortaleza y consuelo para dicha persona. Si usted posee un corazón cálido para aceptar a los demás, no revelará su iniquidad o malas acciones, sino que las cubrirá y las aceptará de modo que puede tener una hermosa relación con ellos.

Hubo un caso que reveló este corazón misericordioso de manera muy vívida. Un día, Jesús oró durante toda la noche en el Monte de los Olivos, y por la mañana se dirigió al Templo. Muchas personas se reunieron el momento que Él se sentó, y se levantó una conmoción mientras estaba predicando la Palabra de Dios. Había entre la multitud algunos fariseos y escribas que trajeron delante de Él a una mujer; ella estaba temblando de miedo.

Ellos le dijeron a Jesús que la mujer había sido sorprendida en el acto de adulterio, y le preguntaron qué iba a hacer con ella ya que la ley decía que una mujer así debía ser apedreada hasta la muerte. Si Jesús les decía que debían apedrearla, no estaría en acuerdo con Su enseñanza: "Ama a tus enemigos." Ahora, si les decía que debían perdonarle, estaría quebrantando la ley. Parecía que Jesús fue puesto en una situación muy difícil. Jesús, sin embargo, solo escribió algo en el suelo y dijo lo que está registrado en Juan 8:7: *"...el que de vosotros esté sin pecado sea el primero en arrojar la piedra contra ella."* Las personas en ese lugar comenzaron a tener remordimientos de conciencia y se fueron uno por uno. Finalmente, solo se quedó Jesús y la mujer.

En Juan 8:11, Jesús le dijo a la mujer: *"...ni yo te condeno; vete, y no peques más."* Al decir "ni yo te condeno", significaba que Él la había perdonado. Jesús perdonó a una mujer que no podía ser perdonada y le dio una oportunidad de apartarse de sus pecados. Este es el corazón misericordioso.

Necesidad de tener el corazón y los hechos como los del Señor

La misericordia es perdonar de verdad y amar incluso a los enemigos. Así como una madre cuida a su bebé recién nacido, nos gustaría aceptar y abrazar a todo el mundo. Incluso cuando las personas tienen algunas fallas grandes o han cometido pecados graves, primero tendremos misericordia en lugar de emitir un juicio y condenación sobre ellos. Aborreceremos el pecado, pero no al pecador; entenderemos a esa persona y trataremos de dejarla vivir.

Supongamos que hay un niño con un cuerpo muy frágil que se enferma con frecuencia. ¿Cómo se sentiría la madre acerca de su hijo? Ella no se preguntaría por qué nació así y por qué él le da tantas dificultades; no aborrecería a su hijo debido a esto. Al contrario, tendría más amor y compasión hacia él que a los demás niños que están sanos.

Había una madre cuyo hijo tenía retraso mental. Cuando llegó a la edad de veinte años, su edad mental era la de un niño de dos años de edad, y la madre no podía apartar sus ojos de él. Sin embargo, ella en ningún momento pensó que era difícil cuidar de su hijo. Ella sentía simpatía y compasión por su hijo mientras cuidaba de él. Si tenemos este tipo de fruto de misericordia completamente, tendremos misericordia no solo para nuestros propios hijos, sino para todas las personas.

Jesús predicó el evangelio del reino de los cielos durante Su ministerio público. Su público principal no eran los ricos y poderosos, sino aquellos que eran pobres, abandonados, o los que la gente consideraba pecadores, como los recaudadores de impuestos o las rameras.

Lo mismo sucedió cuando Jesús escogió a Sus discípulos. Las personas quizás pensaron que hubiera sido más inteligente escoger a los discípulos entre aquellos que estaban al tanto de la Ley de Dios, ya que sería más fácil enseñarles la Palabra de Dios. No obstante, Jesús no escogió a tales personas. Como Sus discípulos, escogió a Mateo, que era un recaudador de impuestos, y a Pedro,

Andrés, Santiago y Juan, que eran pescadores.

Jesús también sanó varios tipos de enfermedades. Cierto día, Él sanó a una persona que había estado enferma durante treinta y ocho años, la que esperaba el movimiento de las aguas en el estanque de Betesda. Este hombre estaba viviendo con dolor, sin tener ninguna esperanza de la vida, sin embargo, nadie le prestaba atención. Pero Jesús se le acercó y le dijo: "¿Deseas ser sano?", y luego lo sanó.

Jesús también sanó a una mujer que había tenido flujo de sangre durante doce años. Él abrió los ojos de Bartimeo, quien era un mendigo ciego (Mateo 9:20-22; Marco 10:46-52). En Su camino a una ciudad llamada Naín, vio a una viuda cuyo único hijo había muerto. Él tuvo compasión de ella y revivió a su hijo (Lucas 7:11-15). Además de esto, Él se preocupó por los oprimidos. Fue amigo de los desatendidos; los recolectores de impuestos y los pecadores.

Algunas personas lo criticaban porque Él comía con los pecadores y decían: *"¿Por qué come vuestro Maestro con los publicanos y pecadores?"* (Mateo 9:11), pero cuando Jesús escuchó esto, les dijo: *"Los sanos no tienen necesidad de médico, sino los enfermos. Id, pues, y aprended lo que significa: Misericordia quiero, y no sacrificio. Porque no he venido a llamar a justos, sino a pecadores, al arrepentimiento"* (Mateo 9:12-13). Él nos enseñó acerca del corazón de compasión y misericordia para los pecadores y los enfermos.

Jesús no solo vino para los ricos y los justos, pero sobre todo para los pobres, los enfermos y los pecadores. Podemos dar rápidamente el fruto de la misericordia cuando seguimos el ejemplo de este corazón y los hechos de Jesús. Ahora profundizaremos en lo que debemos hacer específicamente para llevar el fruto de la misericordia.

Desechar los prejuicios para tener benignidad

La gente del mundo a menudo juzga a las personas por las apariencias. Sus actitudes hacia las personas cambian en función de si los ven o no como personas ricas y famosas. Los hijos de Dios no deben juzgar a las personas por su apariencia, o cambiar sus actitudes del corazón solo por las apariencias. Debemos considerar, incluso a los niños pequeños o aquellos que parecen ser inferiores, como superiores a nosotros mismos, y servirles con el corazón del Señor.

Santiago 2:1-4 nos dice: *"Hermanos míos, que vuestra fe en nuestro glorioso Señor Jesucristo sea sin acepción de personas. Porque si en vuestra congregación entra un hombre con anillo de oro y con ropa espléndida, y también entra un pobre con vestido andrajoso, y miráis con agrado al que trae la ropa espléndida y le decís: Siéntate tú aquí en buen lugar; y decís al pobre: Estate tú allí en pie, o siéntate aquí bajo mi estrado; ¿no hacéis distinciones entre vosotros mismos, y venís a ser jueces con malos pensamientos?"*

Además en 1 Pedro 1:17 leemos: *"Y si invocáis por Padre a aquel que sin acepción de personas juzga según la obra de cada uno, conducíos en temor todo el tiempo de vuestra peregrinación."*

Si tenemos el fruto de la misericordia, no juzgaremos o

condenaremos a otros por su apariencia. También hay que comprobar si tenemos prejuicios o favoritismos en un sentido espiritual. Hay algunas personas que son lentas para entender los asuntos espirituales. Otras tienen algunas deficiencias del cuerpo, por lo que pueden hablar o hacer algunas cosas que están fuera de contexto en ciertas situaciones. Y otros actúan de una manera que no está en conformidad con los principios del Señor.

¿Acaso no se siente de algún modo frustrado cuando usted ve o interactúa con estas personas? ¿No los ha visto con menosprecio o querido evitar en cierta medida? ¿Ha causado a los demás vergüenza con sus palabras agresivas o actitudes descorteses?

Además, algunas personas hablan y condenan a otros como si ellos estuvieran sentados en la silla del juez, cuando las demás personas han cometido algún pecado. Cuando la mujer que había cometido adulterio fue traída delante de Jesús, muchas personas la acusaban con juicio y condenación. Sin embargo, Jesús no la condenó sino que le dio una oportunidad para que recibiera la salvación. Si usted posee tal corazón misericordioso, entonces tendrá compasión por aquellos que están recibiendo castigos por sus pecados, y tendrá la esperanza de que ellos los pueden superar.

Misericordia para aquellos en dificultades

Si somos misericordiosos tendremos compasión con aquellos que están enfrentando dificultades y disfrutaremos poder ayudarles. No simplemente sentiremos lástima en nuestro corazón por ellos y diremos: "¡Anímate y sé fuerte!", solo con nuestros labios, sino que les brindaremos algún tipo de ayuda.

1 Juan 3:17-18 dice: *"Pero el que tiene bienes de este mundo y ve a su hermano tener necesidad, y cierra contra él su corazón, ¿cómo mora el amor de Dios en él? Hijitos míos, no amemos de palabra ni de lengua, sino de hecho y en verdad."* Además en Santiago 2:15-16 nos dice: *"Y si un hermano o una hermana están desnudos, y tienen necesidad del mantenimiento de cada día, y alguno de vosotros les dice: Id en paz, calentaos y saciaos, pero no les dais las cosas que son necesarias para el cuerpo, ¿de qué aprovecha?"*

Usted no debería pensar: "Es una pena que él esté pasando hambre, pero en realidad yo no puedo hacer nada porque solo tengo lo suficiente para mí solo." Si realmente siente lástima con un corazón verdadero, puede compartir o incluso darle su porción. Si alguien cree que su propia situación no le permite poder ayudar a los demás, entonces es muy poco probable que ayudará a los demás, incluso si se hace rico.

Esto no se refiere solamente a las cosas materiales. Cuando ve a alguien que está sufriendo de cualquier tipo de problema, usted debe querer ser de cierta ayuda y compartir el dolor con esa persona. Eso es misericordia. Sobre todo, debe preocuparse por las personas que están cayendo en el Infierno ya que ellos no creen en el Señor. Debe intentar todo lo posible para guiarlos al camino de la salvación.

En la Iglesia Central Manmin, desde su apertura, han sucedido grandes obras del poder de Dios. Pero todavía sigo clamando por un poder mayor y dedico toda mi vida a la manifestación de ese poder. Esto se debe a que yo mismo sufrí de gran pobreza, y además pude experimentar completamente el dolor de perder la esperanza debido a las enfermedades. Cuando veo a las personas que sufren de estos problemas, siento su dolor como mi dolor, y quiero ayudarlos lo mejor que puedo.

Es mi deseo resolver sus problemas y rescatarlos de los castigos del Infierno y llevarlos al Cielo. No obstante, ¿cómo puedo yo solo ayudar a tantas personas? La respuesta que recibí a esto es el poder de Dios. A pesar de que no puedo resolver todos los problemas de la pobreza, las enfermedades, y tantas otras cosas de toda la gente, puedo ayudarles a conocer y a experimentar a Dios. Es por eso que estoy tratando de manifestar un mayor poder de Dios, para que más personas puedan conocer y experimentar a Dios.

Por supuesto, mostrar el poder no es la terminación del proceso de salvación. A pesar de que llegan a tener fe al ver el poder, tenemos que cuidar de ellos física y espiritualmente, hasta que se mantengan firmes en la fe. Es por ello que me esfuerzo para proporcionar ayuda a los necesitados, incluso cuando nuestra iglesia en sí tuvo dificultades financieras. Fue para que pudieran marchar hacia el Cielo con mayor fuerza. Proverbios 19:17 dice: *"A Jehová presta el que da al pobre, y el bien que ha hecho, se lo volverá a pagar."* Si usted cuida de las almas con el corazón del Señor, Dios ciertamente lo recompensará con Sus bendiciones.

No señale con facilidad los defectos de los demás

Si amamos a alguien, a veces tenemos que aconsejar o reprender a esa persona. Si los padres no reprenden a sus hijos en lo absoluto, sino que los perdonan todo el tiempo solo porque los aman, entonces serán hijos muy consentidos. Sin embargo, si tenemos misericordia no podemos a la ligera castigar, reprender o señalar las deficiencias. Cuando nos limitamos a dar un consejo, lo haremos con una mente en oración y cuidando el corazón de esa persona. Proverbios 12:18 dice: *"Hay hombres cuyas palabras son como golpes de espada; mas la lengua de los sabios es medicina."* Los pastores y líderes, en particular, que están enseñando a los creyentes deben mantener estas palabras en su mente.

Puede ser que fácilmente digan: "Tiene un corazón falso, y eso no agrada a Dios. Usted tiene esta y aquella deficiencia, y no es amado por los demás a causa de estas cosas." Incluso si lo que dice es cierto, si usted señala deficiencias dentro de su propia justicia o criterios, sin tener amor, esto no produce vida. Los demás no cambiarán como resultado de los consejos, de hecho, sus sentimientos se verán afectados y se desalentarán perdiendo fuerza.

A veces, algunos miembros de la iglesia me piden que señale sus deficiencias para que puedan darse cuenta de ellas y así poder cambiar. Dicen que quieren darse cuenta de sus defectos y cambiar, por lo tanto, si empiezo a decir algo con mucho cuidado, detienen mis palabras para explicarme sus puntos de vista, y así realmente no puedo darles mi consejo, de todos modos, dar un consejo no es algo fácil de hacer. En ese momento, aceptan con gratitud, pero si pierden la llenura del Espíritu, nadie sabe lo que en realidad sucede en el corazón.

A veces, tengo que señalar las cosas con el fin de cumplir con el reino de Dios, o para permitir que las personas reciban la solución a sus problemas. Miro el estado de ánimo en sus caras con mi mente en oración, esperando que no se sientan ofendidos o desalentados.

Por supuesto, cuando Jesús reprendió a los fariseos y los escribas, con palabras fuertes, ellos no estaban en condiciones de aceptar su consejo. Jesús les estaba dando la oportunidad para que incluso uno de ellos lo pudiera escuchar y arrepentirse. Además, debido a que eran los maestros del pueblo, Jesús quería que la gente se pudiera dar cuenta y que no se dejaran engañar por su hipocresía. Aparte de estos casos especiales, usted no debe hablar palabras que puedan ofender los sentimientos de otros, o descubrir las iniquidades de ellos para que así tropiecen. Cuando usted tiene que dar consejos, ya que es absolutamente necesario, debe hacerlo con amor, pensando desde el punto de vista del otro y con cuidado de esa alma.

Sea generoso con todas las personas

La mayoría de las personas pueden dar generosamente lo que tienen en cierta medida a todos aquellos que aman. Incluso aquellos que son tacaños pueden prestar o dar regalos a los demás si saben que pueden recibir algo a cambio. En Lucas 6:32 leemos: *"Porque si amáis a los que os aman, ¿qué mérito tenéis? Porque también los pecadores aman a los que los aman."* Podemos dar el fruto de la misericordia cuando podemos dar de nosotros mismos, sin esperar nada a cambio.

Jesús, desde un principio conocía que Judas lo engañaría, sin embargo, lo trató de la misma manera que trataba a los demás discípulos. Él le dio muchas oportunidades, una y otra vez, para que pudiera llegar al arrepentimiento. Incluso cuando estaba siendo crucificado, Jesús oró por los que lo estaban crucificando. En Lucas 23:34 leemos: *"Y Jesús decía: Padre, perdónalos, porque no saben lo que hacen...."* Esta es la misericordia con la que podemos perdonar incluso a los que no pueden ser perdonados en absoluto.

En el libro de los Hechos, podemos encontrar a Esteban que también tuvo este fruto de misericordia. Él no era un apóstol, pero estaba lleno de gracia y poder de Dios haciendo que grandes señales y milagros sucedieran a través de él. Aquellos a quienes les disgustaba este hecho, trataron de discutir con él, pero cuando él respondió con la sabiduría de Dios en el Espíritu Santo, las personas no pudieron darle la contra. Dice que las personas, al ver su rostro, vieron uno como de ángel (Hechos 6:15).

Los judíos tuvieron remordimiento de conciencia al escuchar el sermón de Esteban, y finalmente lo llevaron fuera de la ciudad y lo apedrearon hasta la muerte. Incluso mientras estaba muriendo, él oró por aquellos que le estaban arrojando piedras y dijo: *"Señor, no les tomes en cuenta este pecado..."* (Hechos 7:60). Esto nos muestra que él ya les había perdonado. Él no tenía ningún odio contra ellos, sino que poseía el fruto de la misericordia, teniendo compasión de ellos. Esteban pudo manifestar esas grandes obras por el tipo de corazón que tenía.

La pregunta es ¿cuán bien usted ha cultivado este tipo de corazón? ¿Todavía hay alguien con quien no se siente bien o alguien con quien no se está llevando bien? Usted debe ser capaz de aceptar y abrazar a los demás a pesar de que el carácter de ellos y sus opiniones no estén de acuerdo con las suyas. Debe pensar primero desde el punto de vista de esa persona. Luego podrá cambiar los sentimientos de aversión hacia esa persona.

Si uno piensa: '¿Por qué razón hace eso? Es que no lo puedo entender...', entonces solo tendrá resentimientos y tendrá sentimientos incómodos cuando la vea. Sin embargo, si usted puede pensar: 'Ah, en su posición, él puede actuar de esta manera', entonces, puede cambiar los sentimientos de desagrado que siente. Ahora, usted preferirá tener misericordia de esa persona que no puede dejar de hacer algo, y orará por ella.

A medida que cambia sus pensamientos y sentimientos de esta manera, usted puede sacar el odio y otros sentimientos malos, uno por uno. Si mantiene el sentimiento de que quiere insistir en su terquedad, no puede aceptar a los demás y tampoco puede sacar el odio o los malos sentimientos de su vida. Debe desechar su arrogancia y cambiar sus pensamientos y sentimientos para que pueda aceptar y servir a cualquier tipo de persona.

Atribuir el honor a los demás

Con el fin de llevar el fruto de la misericordia, debemos dar honor a los demás cuando algo se hace bien, y debemos aceptar la culpa cuando algo sale mal. Cuando la otra persona recibe todo el reconocimiento y es más elogiado a pesar de que trabajaron juntos, usted aún puede regocijarse como si fuera su propia felicidad. Usted no tendrá ninguna molestia al pensar que ha hecho más trabajo y que esa persona es más elogiada a pesar de que tiene muchas deficiencias. Solo tendrá gratitud al pensar que aquella persona puede ganar más confianza y trabajar con mayor esfuerzo luego de ser elogiada por los demás.

Si la madre hace algo con su hijo, y solo el niño recibe la recompensa, ¿cómo se sentiría la madre? No debería haber ninguna madre que se queje diciendo que ella ayudó a su hijo a hacer el trabajo correctamente y que ella no obtuvo nada de recompensa. Además, es bueno para una madre escuchar de otros que ella es hermosa, pero ella sería más feliz si la gente dice que su hija es hermosa.

Si nosotros tenemos el fruto de misericordia, podemos poner a cualquier persona delante de nosotros y atribuirle el mérito. Y nos regocijaremos con dicha persona como si nosotros mismos hubiéramos sido elogiados. La misericordia es la característica de Dios el Padre quien está lleno de compasión y amor. No solo la misericordia, sino cada uno de los frutos del Espíritu Santo es también el corazón del Dios perfecto. Amor, alegría, paz, paciencia, y todos los demás frutos son los diferentes aspectos del corazón de Dios.

Por consiguiente, llevar los frutos del Espíritu Santo significa que tenemos que esforzarnos por tener el corazón de Dios en nosotros y ser perfectos como Dios es perfecto. Cuanto más maduros sean los frutos espirituales en su vida, será más amado, y Dios no podrá contener Su amor por usted. Él se regocijará de usted diciendo que es Su hijo e hija que se asemeja mucho a Él. Si usted se convierte en un hijo de Dios que es de agrado para Él, puede recibir cualquier cosa que pida en oración, e incluso las cosas que alberga en su corazón, Dios las conoce y le responde. Espero que usted pueda llevar los frutos del Espíritu Santo por completo y agradar a Dios en todas las cosas, de modo que rebose de bendiciones y disfrute de gran honor en el reino de los Cielos como los hijos que se asemejan perfectamente a Dios.

Contra Tales Cosas No Hay Ley

Filipenses 2:5

"Haya, pues, en vosotros este sentir que hubo también en Cristo Jesús."

Capítulo 7

Bondad

El fruto de la bondad
Buscando la bondad de acuerdo a los deseos del Espíritu Santo
Escoger la bondad en todo, como lo hizo el buen samaritano
No pelee ni se jacte en ninguna situación
No quiebre la caña cascada o apague el pábilo que humea
El poder para seguir la bondad con la verdad

Bondad

Una noche, un joven con ropa andrajosa fue a ver a una pareja de ancianos para alquilarles una habitación. La pareja de ancianos tuvo lástima de él, y le alquilaron la habitación. Sin embargo, este joven no fue a su trabajo sino que pasó todo el día bebiendo. En un caso como este, la mayoría de personas desearían sacarlo pensando que él no podría ser capaz de pagar el alquiler. No obstante, esta pareja de ancianos le dio alimento de vez en cuando y lo animaban mientras le predicaban el evangelio. Este joven fue grandemente tocado por sus actos de amor, ya que ellos lo trataban como si fuera su propio hijo. Eventualmente él aceptó a Jesucristo y se convirtió en un hombre totalmente renovado.

El fruto de la bondad

El hecho de amar a los abandonados o a los marginados sociales hasta el final, sin renunciar a ellos, es bondad. El fruto de la bondad no solo nace en el corazón sino que también se revela en acciones como las de la pareja de ancianos.

Si tenemos el fruto de la bondad, podremos emanar la fragancia de Cristo en todas partes. Las personas que nos rodean se conmoverán viendo nuestras buenas obras y darán gloria a Dios.

La "bondad" es la cualidad de ser amable, considerado, amoroso y virtuoso. En un sentido espiritual, sin embargo, es el tipo de corazón que busca la bondad en el Espíritu Santo, que es la bondad con la verdad. Si plenamente producimos este fruto de la bondad, tendremos el corazón del Señor que es puro y sin mancha.

A veces, incluso los no creyentes que no han recibido el Espíritu Santo, siguen la bondad en sus vidas, hasta cierto punto. La gente del mundo discierne y juzga si algo es bueno o malo de acuerdo a sus conciencias. Dado que no tienen remordimientos de conciencia, las personas del mundo piensan que son buenas y justas. Sin embargo, la consciencia de las personas es diferente de persona a persona. Para entender la bondad como un fruto del Espíritu, primero tenemos que entender la conciencia de la gente.

Buscando la bondad de acuerdo a los deseos del Espíritu Santo

Algunos nuevos creyentes pueden emitir un juicio sobre los sermones de acuerdo con sus propios conocimientos y conciencia, diciendo: "Ese comentario no está de acuerdo con esta teoría científica." No obstante, a medida que crecen en la fe y aprenden la Palabra de Dios, llegan a darse cuenta de que su nivel de juicio no es correcto.

La conciencia es la norma para discernir entre el bien y el mal, que se basa en el fundamento de la propia naturaleza. La naturaleza de uno depende de la clase de la energía de vida con la que uno nace y el tipo de entorno en el que se crió. Aquellos niños que recibieron una buena energía de vida, tienen relativamente buena naturaleza. Además, las personas que son criadas en un buen ambiente, ven y escuchan muchas cosas buenas y son propensas a formar buenas conciencias. Por otra parte, si uno nace con muchos rasgos de maldad de los padres y entra en contacto con muchas cosas malas, su naturaleza y conciencia están propensas a llegar a ser malas.

Por ejemplo: los niños que aprenden a ser honestos, tendrán remordimientos de conciencia cuando digan una mentira; pero aquellos que son criados entre mentiras, sentirán que es natural decir mentiras. Ellos ni siquiera piensan que están mintiendo. Al pensar que es correcto mentir, sus conciencias están manchadas con el mal, tanto que ni siquiera tienen remordimiento de conciencia al respecto.

Además, a pesar de que los niños son criados por los mismos padres, en el mismo entorno, aceptan las cosas de diferentes maneras. Algunos niños simplemente obedecen a sus padres, mientras que otros niños tienen voluntades fuertes y tienden a no obedecer. Entonces, a pesar de que los hermanos son criados por los mismos padres, sus conciencias se formarán de maneras diferentes.

Las conciencias se forman de manera diferente dependiendo de los valores sociales y económicos en los que se crían. Cada sociedad tiene un sistema de valores diferente, y el nivel de hace 100 años, 50 años, y el de hoy en día son todos diferentes. Por ejemplo: cuando se solía tener esclavos, no pensaban que estaba mal golpearlos y obligarlos a trabajar. Además, hace apenas unos 30 años, era socialmente inaceptable que las mujeres expusieran sus cuerpos en los medios de comunicación pública. Como se ha mencionado, la conciencia se hace diferente de acuerdo a los individuos, lugar y tiempo. Aquellos que piensan que siguen su conciencia, se limitan a ejecutar lo que ellos creen que es bueno. Sin embargo, no se puede decir que actúan con absoluta bondad.

Pero nosotros, que somos creyentes en Dios, tenemos el mismo nivel con el que se distingue entre el bien y el mal; tenemos la Palabra de Dios como nuestra norma. Esta norma ha sido la misma ayer, hoy y siempre. Bondad espiritual es tener esta verdad como nuestra conciencia, y seguirla. Es la voluntad de seguir los deseos del Espíritu Santo y buscar a Dios. No obstante, solo por tener el deseo de seguir a Dios, no podemos decir que hemos producido el fruto de la bondad. Podemos decir que llevamos el fruto solo cuando ese deseo de seguir a Dios se demuestra y se practica con nuestras acciones.

Mateo 12:35 dice: *"El hombre bueno, del buen tesoro del corazón saca buenas cosas."* Además, Proverbios 22:11, dice: *"El que ama la limpieza de corazón, por la gracia de sus labios tendrá la amistad del rey."* Al igual que en los versículos anteriores, aquellos que realmente buscan la bondad, naturalmente tendrán buenas acciones que se pueden ver externamente. Dondequiera que vayan, y con quienquiera que se encuentren, mostrarán la generosidad y el amor con buenas palabras y hechos. Así como una persona que se ha puesto perfume dará una agradable fragancia, aquellos que tengan bondad darán la fragancia de Cristo.

Algunas personas anhelan cultivar un buen corazón, por lo que siguen a personas espirituales y quieren tener amistades con ellas. Disfrutan escuchar y aprender de la verdad. Son fácilmente tocados y también derraman muchas lágrimas, pero no pueden cultivar un buen corazón por el simple hecho de que tienen el anhelo de hacerlo. Si han escuchado y aprendido algo, tienen que cultivarlo en su corazón y en realidad ponerlo en práctica. Por ejemplo: si usted solo desea estar cerca de la gente buena y evitar aquellos que no son buenos, ¿acaso eso es realmente anhelar la bondad?

También hay cosas que aprender, incluso de aquellos que no son muy buenos. A pesar de que no se puede aprender nada de ellos, usted puede recibir una lección de la vida de esas personas. Si hay alguien que tiene un mal temperamento, usted puede aprender que por ser así frecuentemente se ve involucrado en peleas y discusiones. A partir de esta observación, usted aprende por qué no debe tener ese tipo de temperamento. Si solo está en compañía de aquellos que son buenos, no podrá aprender de la relatividad de las cosas que ve o escucha. Siempre hay cosas que aprender de todo tipo de personas. Usted podría pensar que anhela la bondad en gran manera, y aprende y se da cuenta de muchas cosas, pero debería comprobar si usted mismo carece de los hechos reales de haber acumulado la bondad.

Escoger la bondad en todo, como lo hizo el buen samaritano

A partir de ahora, vamos a ver con más detalle qué es la bondad espiritual, la cual implica buscar la bondad con la verdad y en el Espíritu Santo. De hecho, la bondad espiritual es un concepto muy amplio. La naturaleza de Dios es la bondad, y dicha bondad está bien arraigada a través de la Biblia. Un verso del que podemos sentir muy bien el aroma de la bondad es Filipenses 2:1-4, que dice:

Por tanto, si hay alguna consolación en Cristo, si

algún consuelo de amor, si alguna comunión del Espíritu, si algún afecto entrañable, si alguna misericordia, completad mi gozo, sintiendo lo mismo, teniendo el mismo amor, unánimes, sintiendo una misma cosa. Nada hagáis por contienda o por vanagloria; antes bien con humildad, estimando cada uno a los demás como superiores a él mismo; no mirando cada uno por lo suyo propio, sino cada cual también por lo de los otros.

Una persona que ha producido la bondad espiritual busca la bondad en el Señor, por lo que apoya incluso las obras con las que en realidad no está de acuerdo. Este tipo de persona es humilde y no tiene ningún sentido de vanidad de ser reconocido o revelado a los demás. Aunque los demás no sean tan ricos o inteligentes como él es, puede respetarlos de corazón y llegar a ser su verdadero amigo.

A pesar de que los demás le hacen pasar un mal momento sin ninguna causa, él simplemente los acepta con amor. Él les sirve y se humilla, para que pueda tener paz con todos, y no solo cumple fielmente sus responsabilidades, sino que también se preocupa de las obras de los demás. En Lucas 10 encontramos la parábola del Buen Samaritano.

Cierto hombre fue asaltado mientras viajaba desde Jerusalén a Jericó. Los ladrones lo desnudaron y lo dejaron medio muerto. Un sacerdote pasaba por allí y vio que se estaba muriendo, sin embargo el sacerdote siguió de largo. También lo vio un levita, pero este también siguió su camino. Los sacerdotes y levitas son aquellos que conocen la Palabra de Dios y quienes sirven a Dios. Ellos conocen la Ley mejor que ninguna otra persona. Y además se enorgullecen de lo bien que sirven a Dios.

Cuando tuvieron que seguir la voluntad de Dios, no mostraron las obras que necesitaban mostrar. Por supuesto, podían decir que tenían razones por las cuales no podían ayudar, pero si hubieran tenido bondad, no habrían simplemente ignorado a una persona que se encontraba en una necesidad desesperada de su ayuda.

Luego pasó un samaritano y vio a este hombre que había sido asaltado. Este samaritano tuvo compasión de él y vendó sus heridas. Lo llevó en su cabalgadura y luego a una posada y le pidió al posadero que cuidara de él. Al día siguiente, le dio al posadero dos denarios y le prometió que a su regreso le pagaría cualquier gasto adicional del individuo.

Si el samaritano hubiera pensado de manera egoísta, no habría tenido ninguna razón para hacer lo que hizo. Él también estaba ocupado, y podía sufrir pérdida de tiempo y dinero si se involucraba en los asuntos de un total desconocido. Además, él podría haberle dado solo los primeros auxilios, sin necesidad de pedir al posadero que cuidara de él, prometiéndole que pagaría los costos adicionales.

No obstante, debido a que tenía bondad, no podía simplemente ignorar a una persona que se estaba muriendo. A pesar de que iba a sufrir la pérdida de tiempo y dinero, y de que estaba ocupado, no solo podía pasar por alto a una persona que estaba en necesidad desesperada de su ayuda. Cuando no pudo ayudar a esta persona por sí mismo, le pidió a otra persona que lo ayudara. Si él también hubiera seguido de largo por sus razones personales, en el futuro este samaritano probablemente habría tenido la carga de ello en su corazón.

Se habría cuestionado continuamente y culpado a sí mismo pensando: "Me pregunto qué habrá pasado con ese hombre que estaba herido. Tendría que haberlo salvado aunque yo hubiera tenido que sufrir alguna pérdida. Dios me estaba observando… ¿cómo pude hacer algo así?" La bondad espiritual es incapaz de soportar si no escogemos el camino de la bondad. Incluso con el sentir de que alguien está tratando de engañarnos, nosotros escogemos la bondad en todas las cosas.

No pelee ni se jacte en ninguna situación

Otro verso que nos permite sentir la bondad es Mateo 12:19-20. El verso 19 dice: *"No contenderá, ni voceará, ni nadie oirá en las calles su voz."* Luego, el verso 20 dice: *"La caña cascada no quebrará, y el pábilo que humea no apagará, hasta que saque a victoria el juicio."*

Esto es acerca de la bondad espiritual de Jesús. Durante Su ministerio, Jesús no tuvo ningún problema o pelea con nadie. Desde la infancia obedeció la Palabra de Dios, y durante Su ministerio público, Él hizo cosas buenas, predicando el evangelio del reino de los Cielos y sanando a los enfermos. Y, sin embargo, los malvados lo pusieron a prueba con muchas palabras en un intento de matarlo.

Cada vez, Jesús conocía sus intenciones malignas pero no llegó a odiarlos. Él simplemente les permitió que se dieran cuenta de la verdadera voluntad de Dios. Cuando no pudieron darse cuenta de ello en absoluto, Él no peleó con ellos sino que simplemente los evitó. Incluso cuando estaba siendo interrogado antes de la crucifixión, Él no peleó ni discutió.

A medida que pasamos de la etapa de un novato en la fe cristiana, aprendemos de la Palabra de Dios hasta cierto punto. Nosotros no levantaremos fácilmente nuestra voz o haremos un escándalo solo por algún desacuerdo con los demás. Sin embargo, las peleas no se tratan solo de elevar nuestra voz. Si tenemos algunos sentimientos incómodos debido a algunos desacuerdos, eso también es tener una pelea. Decimos que es una pelea porque la paz del corazón se encuentra quebrantada.

Si hay una disputa en el corazón, la causa se encuentra dentro de uno mismo; no es porque alguien nos está haciendo pasar un mal momento o porque no actúan de la manera que pensamos que es correcta. Se debe a que nuestro corazón es demasiado estrecho para aceptarlos, y porque tenemos un criterio de pensamiento que nos pone en rumbo de colisión con muchas cosas.

Una pedazo de algodón suave no hará ningún ruido cuando es golpeado por otro objeto. Incluso si agitamos un vaso que contiene agua pura y limpia, esa agua permanecerá pura y limpia. Lo mismo sucede con el corazón de las personas. Si la paz en el corazón es quebrantada y algunos sentimientos incómodos surgen en una determinada situación, es porque el mal está todavía presente en el corazón.

Se dice que Jesús no gritó, entonces, ¿por qué razón otras personas gritan? Es porque quieren darse a conocer y hacer alarde de sí mismos, gritan porque quieren ser reconocidos y atendidos por otras personas.

Jesús manifestó obras tan enormes como revivir a los muertos y abrir los ojos de los ciegos, aun así, Él permaneció humilde. Además, incluso cuando la gente se burlaba de Él mientras estaba colgado en la cruz, Jesús simplemente obedeció la voluntad de Dios hasta la muerte, ya que no tenía ninguna intención de revelarse (Filipenses 2:5-8). También se dijo que nadie podía oír Su voz en las calles. Nos dice que Sus modales eran perfectos. Él era perfecto en su comportamiento, actitud y forma de expresión. Su extrema bondad, humildad y amor espiritual que estaban en el interior de Su corazón, se dieron a conocer de manera externa.

Si tenemos el fruto de la bondad espiritual, no tendremos ningún conflicto o problemas con nadie en la misma forma en que nuestro Señor no tenía ningún conflicto. No hablaríamos de los problemas o errores de las demás personas. Nosotros no trataríamos de hacer alarde de nosotros mismos o de ponernos en un lugar más alto entre los demás. Aunque tengamos que sufrir excesivamente, no nos quejaremos.

No quiebre la caña cascada o apague el pábilo que humea

Cuando cultivamos un árbol o una planta, si tienen hojas o ramas marchitas, nosotros generalmente las cortamos. Además, cuando un pábilo está ardiendo, la luz no es brillante, y de este salen vapores y humo. Por ello, las personas simplemente lo apagan. Sin embargo, aquellos que tienen bondad espiritual no 'quebrarán la caña cascada o apagarán el pábilo que humea.' Si aún existe la más mínima posibilidad de recuperación, no cortan la vida, sino que tratan de abrir un camino de vida para los demás.

En este caso, 'la caña cascada' se refiere a aquellos que están llenos de pecados y maldad en este mundo. El pábilo que humea simboliza aquellos cuyos corazones están tan manchados de maldad que la luz de su alma está a punto de extinguirse. Es poco probable que estas personas que son como caña cascada y pábilo que humea puedan aceptar al Señor. A pesar de que creen en Dios, sus obras no son diferentes a las de aquellos que son del mundo. Incluso hablan en contra del Espíritu Santo o se ponen en contra de Dios. En la época de Jesús, había muchos que no creían en Él. Y a pesar de que vieron maravillosas obras de poder, todavía estaban en contra de las obras del Espíritu Santo. Sin embargo, Jesús los miró con fe hasta el final y abrió oportunidades para que ellos reciban la salvación.

Hoy en día, incluso en las iglesias, hay muchas personas que son como cañas cascadas y pábilos que humean. Ellas claman 'Señor, Señor' con sus labios, pero siguen viviendo en el pecado. Incluso algunas de ellas se ponen en contra de Dios. Con su fe débil, tropezaron en la tentación y dejaron de asistir a la iglesia. Después de hacer cosas que son reconocidas como malas en la iglesia, se sienten tan avergonzados que abandonan la iglesia. Si tenemos bondad, debemos primero extender nuestras manos hacia ellos.

Hay personas que quieren ser amadas y reconocidas en la iglesia, pero cuando esto no sucede, la maldad en ellas sale a la luz. Se vuelven celosas de aquellos que son amados por los miembros de la iglesia y de aquellos que están avanzando en el espíritu, y hablan mal de estas personas. No unifican su corazón durante un determinado trabajo si no es iniciado por ellos mismos, y tratan de encontrar fallas en esas obras.

Incluso en estos casos, los que tienen el fruto de la bondad espiritual aceptarán estas personas que dejan que su maldad se manifieste. No tratan de distinguir quién está en lo correcto o incorrecto, o quién es bueno o malo para luego ignorarlo. Se suavizan y tocan sus corazones al tratarlos con bondad, con un corazón sincero.

Algunas personas me piden que les revele las identidades de las personas que asisten a la iglesia con otra motivación. Dicen que, al hacerlo, los miembros de la iglesia no serán engañados y que estas personas no vendrán a la iglesia en absoluto. Sí, revelando sus identidades se puede purificar la iglesia, ¡pero qué vergonzoso sería para sus familiares o quienes los trajeron a la iglesia! Si nosotros sacamos a los miembros de la iglesia, por diversas razones, no quedarían muchas personas. Es uno de los deberes de la iglesia cambiar incluso a las personas malvadas y conducirlas al reino de los Cielos.

Por supuesto, algunas personas continúan mostrando cada vez mayor maldad, y caerán por el camino de la muerte a pesar de que se les muestra bondad. Pero incluso en estos casos, no simplemente estableceremos un límite de nuestra perseverancia y nos olvidaremos si van por encima de ese límite. Es la bondad espiritual la que trata de permitir que busquen la vida espiritual sin renunciar hasta el final.

El trigo y la cizaña se parecen, pero la paja está vacía por dentro. Después de la cosecha, el agricultor recoge el trigo en el granero y quema la paja, o posiblemente la utilice como fertilizante. También hay el trigo y la cizaña en la iglesia. En lo externo, todo el mundo puede tener un aspecto como de creyente, pero es el trigo el que obedece la Palabra de Dios mientras que la paja va tras el mal.

Pero así como el labrador espera hasta la cosecha, el Dios de amor espera para que los que son como la paja puedan cambiar al final. Hasta que llegue el día final, tenemos que dar oportunidades para que todos se salven y mirar a todos a través de los ojos de la fe, mediante el cultivo de la bondad espiritual en nosotros.

El poder para seguir la bondad con la verdad

Usted puede ser confundido en cuanto a cómo esta bondad espiritual se diferencia de otras características espirituales. Es decir, en la parábola del Buen Samaritano, sus actos pueden ser descritos como de caridad de pensamientos y misericordia, y si no nos peleamos o levantamos la voz, entonces debemos estar en paz y con humildad. Entonces, ¿todas estas cosas están incluidas en el carácter de la bondad espiritual?

Por supuesto, el amor, la benevolencia del corazón, la misericordia y la humildad, todas pertenecen a la bondad. Como mencioné anteriormente, la bondad es la naturaleza de Dios y es un concepto muy amplio, pero los aspectos distintivos de la bondad espiritual, son el deseo de seguir dicha bondad y la fuerza para ponerla en práctica. El enfoque no está en la misericordia de tener compasión de los demás o los actos mismos de ayuda. El enfoque se encuentra en la bondad con la que el samaritano no pudo simplemente pasar de largo cuando estaba supuesto a tener misericordia.

Además, no pelear y no alzar la voz es parte de ser humilde, pero el carácter de la bondad espiritual en estos casos, es que no podemos quebrantar la paz porque seguimos la bondad espiritual. En lugar de alzar la voz y ser reconocidos, vamos a querer ser humildes porque seguimos esta bondad.

Al ser fieles, si usted tiene el fruto de la bondad, será fiel no solo en una cosa, sino también en toda la casa de Dios. Si usted descuida alguna de sus responsabilidades, es posible que alguien sufra debido a ello, y que el reino de Dios no se pueda cumplir como es debido. Por lo tanto, si tiene bondad en usted, no se sentirá cómodo acerca de estas cosas. No puede simplemente descuidar de ellos, por esto intentará ser fiel en toda la casa de Dios. Usted puede aplicar este principio a todos los demás caracteres del espíritu.

Aquellos que son malvados se sentirán incómodos si no actúan con maldad. En la medida que tengan maldad se sentirán bien solo después de haber ofrecido mucha maldad. Para aquellos que tienen la costumbre de interrumpir mientras otros están hablando, no pueden controlarse a sí mismos si no logran interferir en las conversaciones de otras personas. Aunque lastiman los sentimientos de los demás o les hacen pasar un mal momento, pueden sentir paz dentro de ellos mismos solo después de hacer lo que quieren. Sin embargo, si recuerdan y siguen tratando de desechar sus malos hábitos y actitudes que no están de acuerdo con la Palabra de Dios, serán capaces de desechar esto en gran parte. Si no tratan y se dan por vencidos, seguirán siendo iguales, incluso después de diez o veinte años.

No obstante, las personas bondadosas son todo lo opuesto. Si no siguen a Dios, tendrán sentimientos más incómodos que cuando sufren una pérdida, y pensarán en ellos en varias ocasiones. Así, a pesar de que sufren alguna pérdida, no quieren hacer daño a los demás. Aunque lo encuentren algo inconveniente, intentan seguir con las reglas.

Podemos sentir este tipo de corazón con respecto a lo que Pablo dijo. Él tenía la fe para comer carne, pero si por ello causaba que otra persona tropiece, no quería comer carne durante el resto de su vida. De la misma manera, si aquello de lo que ellos disfrutan causa algún tipo de molestia a los demás, las personas bondadosas preferirán no disfrutar de tales cosas y les resultará de mayor gozo renunciar por el bien de los demás. No harían nada que pueda avergonzar a los demás, y nunca podrían hacer algo que produciría que el Espíritu Santo en ellos gimiera.

Del mismo modo, si usted sigue la bondad en todas las cosas, significa que está teniendo el fruto de la bondad espiritual. Si se tiene el fruto de la bondad espiritual, se tendrá la actitud del Señor. Usted no hará nada que pueda hacer que incluso un pequeño tropiece, y también tendrá la bondad y la humildad en lo externo. Será alguien respetable teniendo la forma del Señor, y su comportamiento y lenguaje serán perfectos. Será alguien hermoso a los ojos de todo el mundo, dando la fragancia de Cristo.

Mateo 5:15-16 dice: *"Ni se enciende una luz y se pone debajo de un almud, sino sobre el candelero, y alumbra a todos los que están en casa. Así alumbre vuestra luz delante de los hombres, para que vean vuestras buenas obras, y glorifiquen a vuestro Padre que está en los cielos."* Además, en 2 Corintios 2:15, leemos: *"Porque para Dios somos grato olor de Cristo en los que se salvan, y en los que se pierden."* Por consiguiente, espero que le dé la gloria a Dios en todas las cosas por dar el fruto de la bondad espiritual de forma rápida y dar el aroma de Cristo al mundo.

Números 12:7-8

"No así a mi siervo Moisés, que es fiel en toda mi casa.

Cara a cara hablaré con él, y claramente,

y no por figuras;

y verá la apariencia de Jehová...."

Contra Tales Cosas No Hay Ley

Capítulo 8

Fidelidad

Por nuestra fe seremos reconocidos
Hacer más de lo que se nos ha pedido
Ser fiel en la verdad
Obrar de acuerdo a la voluntad del Maestro
Ser fiel en toda la casa de Dios
Fidelidad para el reino de Dios y Su justicia

Fidelidad

Un hombre iba en un viaje a un país extranjero. Mientras él se ausentaba, sus activos debían ser cuidados, por esta razón encomendó ese trabajo a tres de sus siervos. De acuerdo a la capacidad de cada uno le dio un talento, dos talentos y cinco talentos respectivamente. El siervo que recibió cinco talentos los comercializó para su amo y obtuvo cinco talentos más. El siervo al que le fueron entregados dos talentos, también ganó dos talentos más. Sin embargo, aquel que tenía un solo talento, lo enterró en el suelo y no obtuvo ningún beneficio.

El amo elogió a los siervos que ganaron dos y cinco talentos adicionales y los recompensó por ello, diciéndoles *"...bien, buen siervo y fiel..."* (Mateo 25:21). No obstante, reprendió al siervo que simplemente enterró el talento, diciéndole: *"...siervo malo y negligente..."* (Mateo 25:26).

Dios también nos da muchos deberes de acuerdo con nuestros talentos, para que podamos obrar para Él. Solo cuando cumplimos nuestras responsabilidades con todas nuestras fuerzas y beneficiamos al reino de Dios, podemos ser reconocidos como un 'buen siervo y fiel.'

Por nuestra fe seremos reconocidos

La definición del diccionario de la palabra 'fidelidad' es: 'La cualidad de mantenerse firme en el afecto o la lealtad, o firmeza en la observancia a las promesas o en el cumplimiento de una responsabilidad.' Inclusive en el mundo, las personas fieles son altamente valiosas por ser confiables.

No obstante, el tipo de fidelidad que es reconocida por Dios es diferente a la de la gente del mundo. No podemos llamar 'fidelidad espiritual' añ solo hecho de cumplir con nuestro deber con nuestras acciones. Además, si ponemos todo nuestro esfuerzo e incluso nuestra vida en una área en particular, no es completamente fidelidad. Si cumplimos con nuestro deber como esposos, madres o esposas, ¿puede esto llamarse fidelidad? Solamente hicieron lo que debían hacer.

Aquellos que son espiritualmente fieles, son tesoros en el reino de Dios y emanan un aroma fragante. Ellos dan la fragancia de un corazón que no cambia, la fragancia de la obediencia inquebrantable. Se podría comparar con la obediencia de una buena yunta de trabajo y la fragancia de un corazón digno de confianza. Si somos capaces de dar este tipo de fragancias, el Señor también dirá que somos muy preciosos y deseará abrazarnos. Este fue el caso de Moisés.

El pueblo de Israel había sido esclavo en Egipto por más de 400 años, y Moisés tenía la responsabilidad de guiarlo a la tierra de Canaán. Él fue tan amado por Dios que caminó cara a cara con él, y fue fiel en toda la casa de Dios y cumplió todo lo que Él le había encomendado. Ni siquiera tuvo en cuenta todos los problemas que podría enfrentar. Él era mucho más que fiel en todas las áreas en el cumplimiento del deber del líder de Israel, además de ser fiel a su familia.

Cierto día, el suegro de Moisés, Jetro, se acercó a donde estaba Moisés. Moisés le contó acerca de todas las cosas asombrosas que Dios había realizado para el pueblo de Israel. Al siguiente día, Jetro vio algo que le pareció extraño. Las personas hacían fila desde temprano en la mañana para ver a Moisés. Ellos presentaban a Moisés las disputas que no podían juzgar entre ellos. En ese momento, Jetro le hizo una sugerencia.

Éxodo 18:21-22, dice: *"Además escoge tú de entre todo el pueblo varones de virtud, temerosos de Dios, varones de verdad, que aborrezcan la avaricia; y ponlos sobre el pueblo por jefes de millares, de centenas, de cincuenta y de diez. Ellos juzgarán al pueblo en todo tiempo; y todo asunto grave lo traerán a ti, y ellos juzgarán todo asunto pequeño. Así aliviarás la carga de sobre ti, y la llevarán ellos contigo."*

Moisés escuchó sus palabras. Él se dio cuenta que su suegro tenía la razón y aceptó su sugerencia. Moisés eligió a hombres capaces que odiaban las ganancias deshonestas, y los colocó sobre el pueblo como jefes de millares, de centenas, de cincuenta y de diez. Actuaban como jueces para la gente en los asuntos de rutina y más simples y Moisés juzgaba solo las disputas importantes.

Uno puede alcanzar el fruto de la fidelidad cuando cumple con todas sus responsabilidades con un buen corazón. Moisés fue fiel a los miembros de su familia, así como al servicio del pueblo. El invirtió todo su tiempo y esfuerzo, y por esta razón fue reconocido como alguien que fue fiel en toda la casa de Dios. Números 12:7-8 dice: *"No así a mi siervo Moisés, que es fiel en toda mi casa. Cara a cara hablaré con él, y claramente, y no por figuras; y verá la apariencia de Jehová...."*

Ahora, ¿qué tipo de persona es aquella que ha dado los frutos de la fidelidad reconocida por Dios?

Hacer más de lo que se nos ha pedido

Cuando a los trabajadores se les paga por su trabajo, no decimos que son fieles cuando acaban de cumplir con sus deberes. Podemos decir que hicieron su trabajo, pero solo trabajaron por lo que se les pagó, así que no podemos decir que son fieles. Sin embargo, incluso entre los trabajadores que son pagados, hay algunos que hacen más de lo que se les paga por hacer. Ellos no lo hacen de mala gana o simplemente piensan que tienen que trabajar solo por lo que se les ha pagado. Cumplen el deber de todo corazón, mente y alma, sin mezquinar su tiempo y dinero, con el deseo que proviene del corazón.

Algunos de los obreros a tiempo completo de la iglesia hacen más de lo que se les ha encomendado. Ellos trabajan después de las horas de trabajo o en días festivos, y cuando no están trabajando, siempre piensan en su deber para con Dios. Siempre piensan en las maneras de servir mejor a la iglesia y a los miembros haciendo algo más que el trabajo que se les da. Además, asumen los deberes de líderes de células para cuidar las almas. Es de esta manera que hacer mucho más de lo que se nos ha confiado se convierte en fidelidad.

Además, al asumir una responsabilidad, los que llevan el fruto de la fidelidad harán más de lo que son responsables de hacer. Por ejemplo: en el caso de Moisés, él puso su vida cuando oró para salvar al pueblo de Israel que había cometido pecados. Podemos ver esto en su oración que se encuentra en Éxodo 32:31-32, que dice: *"Entonces volvió Moisés a Jehová, y dijo: Te ruego, pues este pueblo ha cometido un gran pecado, porque se hicieron dioses de oro, que perdones ahora su pecado, y si no, ráeme ahora de tu libro que has escrito."*

Cuando Moisés estaba cumpliendo con su deber, no solo obedeció con sus acciones e hizo lo que Dios le había mandado a hacer. No pensó de la siguiente manera: "Hice lo que pude en dar a conocer la voluntad de Dios para ellos, pero no la aceptaron. Ya no puedo ayudarlos más." Él tenía el corazón de Dios y guió al pueblo con todo su amor y esfuerzo. Es por esta razón que, cuando las personas cometían pecados, sentía que había sido su propia falta y quería tomar la responsabilidad por ello.

Lo mismo sucede con el apóstol Pablo. Romanos 9:3 dice: *"Porque deseara yo mismo ser anatema, separado de Cristo, por amor a mis hermanos, los que son mis parientes según la carne."* Aunque escuchamos y conocemos acerca de la fidelidad de Pablo y Moisés, esto no necesariamente significa que hemos cultivado la fidelidad.

Incluso aquellos que tienen fe y llevan a cabo sus responsabilidades, tendrían algo diferente para decir que lo que Moisés dijo si estuvieran en la misma situación en la que él había estado. Es decir, posiblemente dirían: "Dios, yo hice todo lo que estaba a mi alcance. Siento lástima por las personas, pero también he sufrido mucho mientras lideraba este pueblo." Lo que realmente están diciendo es: "Estoy confiado porque hice todo lo que tenía que hacer." O bien, pueden preocuparse de que van a recibir la represión, junto con otros, por los pecados de esas personas, a pesar de que ellos mismos no fueron responsables. El corazón de este tipo de personas se encuentra algo alejado de la fidelidad.

Por supuesto, no cualquiera puede orar y decir: "Por favor

perdona sus pecados o borra mi nombre del libro de la vida." Significa que si tenemos el fruto de la fidelidad en nuestro corazón, no podemos simplemente decir que no somos responsables de las cosas que salieron mal. Antes de pensar que hicimos nuestro mejor esfuerzo en nuestras responsabilidades, primero pensaríamos en la clase de corazón que teníamos cuando se nos dio esas responsabilidades a nosotros por primera vez.

Además, primeramente pensaríamos en el amor y la misericordia de Dios por las almas, y que Dios no quiere que sean destruidos a pesar de que dice que los castigará por sus pecados. Entonces, ¿qué tipo de oración será ofrecida a Dios? Es posible que digamos desde lo profundo de nuestro corazón: "Dios es culpa mía. Soy yo quien no los guía de mejor manera. Dales una nueva oportunidad en consideración a mi persona."

Lo mismo sucede en todos los demás aspectos. Aquellos que son fieles no solo dirán: "He hecho lo necesario", sino que trabajarán abundantemente con todo el corazón. En 2 Corintios 12:15, Pablo dijo: *"Y yo con el mayor placer gastaré lo mío, y aun yo mismo me gastaré del todo por amor de vuestras almas, aunque amándoos más, sea amado menos."*

Es decir, Pablo no estaba obligado a cuidar de las almas, ni tampoco lo hizo superficialmente. Disfrutó de gran alegría en el cumplimiento de su deber y por eso dijo que él mismo sería gastado para otras almas.

Pablo ofreció su vida una y otra vez con devoción completa por otras almas. Como el caso de Pablo, verdadera fidelidad es que podamos cumplir nuestra responsabilidad con alegría y amor desbordantes.

Ser fiel en la verdad

Supongamos que alguien se unió a una pandilla y dedicó su vida al jefe de la banda. ¿Acaso Dios dirá que esa persona es fiel? ¡Por supuesto que no! Dios puede reconocer nuestra fidelidad solo cuando somos fieles en la bondad y en la verdad.

Al igual que los cristianos, que llevan vidas diligentes en la fe, son propensos a recibir muchas responsabilidades. En algunos casos intentan al principio cumplir con sus responsabilidades con fervor, pero luego, en cierto punto se dan por vencidos. Se pueden desenfocar debido a la expansión del negocio que están planificando. Es posible que pierdan su fervor por sus responsabilidades a causa de dificultades en la vida, o porque quieren evitar las persecuciones de los demás. ¿Por qué cambiaron de opinión de esta manera? Es debido a que descuidaron la fidelidad espiritual mientras trabajaban para el reino de Dios.

La fidelidad espiritual implica circuncidar nuestro corazón; es lavar el manto de nuestro corazón constantemente y desechar toda clase de pecados, falsedades, maldad, injusticia, inmoralidad y tinieblas, y llegar a ser santo. En Apocalipsis 2:10 leemos: *"...sé fiel hasta la muerte, y yo te daré la corona de la vida."* En este caso, ser fiel hasta la muerte no solo significa que tenemos que trabajar duro y fielmente hasta nuestra muerte física, sino que también debemos cumplir con toda la Palabra de Dios en la Biblia, con toda nuestra vida.

Con el fin de alcanzar la fidelidad espiritual, primero tenemos que luchar contra los pecados hasta el punto de derramar sangre y guardar los mandamientos de Dios. La prioridad principal es desechar la maldad, el pecado y las falsedades que Dios aborrece en gran manera. Si solo estamos trabajando duro físicamente y sin circuncidar nuestro corazón, no decimos que esto es la fidelidad espiritual. Al igual que Pablo quien dijo: "Muero diariamente", debemos crucificar nuestra carne y llegar a ser santos. Esta es la fidelidad espiritual.

Lo que Dios el Padre más desea de nosotros es la santidad. Debemos darnos cuenta de eso y esforzarnos en circuncidar nuestro corazón. Por supuesto, esto no significa que no podemos asumir ninguna responsabilidad antes de llegar a ser santificados por completo. Significa que cualquier responsabilidad que estamos llevando a cabo en este momento, tenemos que lograr la santidad mientras cumplimos con nuestros deberes.

Aquellos que continuamente circuncidan sus corazones, no cambiarán de actitud en su fidelidad. No abandonarán su preciada responsabilidad por el simple hecho de tener dificultades en el diario vivir o por sufrir de alguna aflicción del corazón. Las responsabilidades dadas por Dios son una promesa hecha entre Él y nosotros, y jamás debemos romper nuestra promesa con Dios, bajo ninguna dificultad.

Por otras parte, ¿qué pasará si descuidamos la circuncisión de nuestros corazones? No seremos capaces de mantener nuestro corazón cuando nos enfrentamos a dificultades y penurias. Podemos renunciar a la relación de confianza con Dios y renunciar a nuestro deber. Luego, si recuperamos la gracia de Dios, trabajamos duro de nuevo por un tiempo, y este ciclo sigue constantemente. Los obreros que tienen fluctuaciones de este tipo no pueden ser reconocidos por ser fieles, a pesar de que pueden hacer bien su trabajo.

Para tener la fidelidad reconocida por Dios, debemos tener la fidelidad espiritual, lo que significa que tenemos que circuncidar nuestro corazón. Sin embargo, circuncidar nuestro corazón en sí, no se convierte en nuestra recompensa. La circuncisión del corazón es un deber para los hijos de Dios que son salvos, pero si desechamos el pecado y cumplimos con nuestras responsabilidades con un corazón santificado, podemos producir mucho fruto, más que cuando las cumplíamos con nuestra mente carnal. Por consiguiente, recibiremos recompensas mucho más grandes.

Por ejemplo: supongamos que usted sudó mientras trabajaba como voluntario en la iglesia todo el día domingo. No obstante, discutió con muchas otras personas y quebrantó la paz con mucha gente. Si usted sirve a la iglesia mientras se queja y tiene resentimiento, gran parte de su recompensa le será quitada. Mas si sirve a la iglesia con bondad y amor estando en paz con los demás, todo su trabajo será un aroma aceptable a Dios, y cada una de sus obras se convertirá en su recompensa.

Obrar de acuerdo a la voluntad del Maestro

En la iglesia, debemos trabajar de acuerdo al corazón y la voluntad de Dios. Además, debemos ser fieles y obedecer a nuestros líderes de acuerdo al orden dentro de la iglesia. Proverbios 25:13 dice: *"Como frío de nieve en tiempo de la siega, así es el mensajero fiel a los que lo envían, pues al alma de su señor da refrigerio."*

A pesar de que somos muy diligentes en nuestras

responsabilidades, no podemos saciar el deseo del amo si simplemente hacemos lo que queremos. Por ejemplo: suponga que su jefe le dice que permanezca en la oficina porque un cliente muy importante está por venir. Sin embargo, usted tuvo que salir para atender algunos asuntos relacionados con la oficina, pero le tomó todo el día. Aunque usted estuvo afuera por asuntos de la oficina, a los ojos de su jefe no es alguien fiel.

La razón por la que no obedecemos la voluntad del maestro o amo, es porque seguimos nuestras propias ideas o porque tenemos motivos egoístas. Este tipo de persona puede parecer estar sirviendo a su amo, pero en realidad no está actuando con fidelidad. Está siguiendo sus propios pensamientos y deseos, y ha demostrado que puede renunciar a la voluntad del amo en cualquier momento.

En la Biblia leemos acerca de un personaje llamado Joab, que era un pariente y además el general del ejército de David. Joab estaba con David a través de todos los peligros, mientras que David estaba siendo perseguido por el rey Saúl. Joab tenía sabiduría y era alguien valiente. Él se hacía cargo de las cosas que David quería que se hicieran. Cuando él atacó a los amonitas y tomó su ciudad, prácticamente fue Joab quien la conquistó, pero dejó que David llegara y que él mismo la tomara. No tomó la gloria de la conquista de la ciudad, sino que dejó que David la tomara.

Sirvió así a David de la mejor manera, sin embargo, él no se sentía muy cómodo con Joab. Fue porque desobedecía a David cuando era personalmente de beneficio para él. Joab no dudaba en actuar de una manera insolente ante David cuando quería alcanzar su meta.

Por ejemplo, el general Abner, quien era un enemigo de David, fue delante de él para rendirse. David le dio la bienvenida y luego lo despidió. Esto fue porque David podía estabilizar a las personas con mayor rapidez al aceptarlo. No obstante, cuando Joab se enteró de esto, persiguió a Abner y lo mató. Esto fue debido a que Abner había matado al hermano de Joab en una batalla anterior. Sabía que David estaría en una situación difícil si él mataba a Abner, así él simplemente siguió sus emociones.

También, cuando el hijo de David, Absalón, se rebeló contra su padre, David pidió a los soldados que iban a luchar con los hombres de Absalón que trataran a su hijo con bondad. Aunque Joab escuchó esta orden, él mató a Absalón. Tal vez fue porque si dejaban que Absalón viviera, podía rebelarse de nuevo, pero al final, Joab desobedeció a su antojo la orden del rey.

A pesar de que pasó por todos los momentos difíciles con el rey, él desobedeció en momentos cruciales, y David no podía confiar en Joab. Por último, Joab se rebeló contra el rey Salomón, hijo de David, y fue condenado a muerte. En ese momento también, en lugar de obedecer la voluntad de David, Joab quería instaurar la persona que él creía que debía ser rey. Él sirvió a David durante toda su vida, pero en lugar de convertirse en una persona que guardaba méritos, su vida terminó como un rebelde.

Cuando realizamos la obra de Dios, en lugar de cuán ambiciosamente hacemos el trabajo, el factor más importante es si estamos siguiendo la voluntad de Dios. No sirve de nada ser fieles e ir en contra de la voluntad de Dios. Cuando trabajamos en la iglesia, también debemos seguir a nuestros líderes antes de que sigamos nuestras propias ideas. De esta manera, el enemigo diablo y Satanás no puede traer sobre nosotros ninguna acusación y al final podremos darle la gloria a Dios.

Ser fiel en toda la casa de Dios

El 'ser fiel en la casa de Dios', significa ser fieles en todos los aspectos relacionados con nuestra vida. En la iglesia debemos cumplir con todas nuestras responsabilidades, aunque tengamos muchas cosas que hacer. Aunque no tengamos una responsabilidad particular en la iglesia, es nuestra responsabilidad estar presente donde se supone que debemos estar presentes como miembros.

No solo en la iglesia, sino también en nuestro lugar de trabajo y estudio, todos tienen su responsabilidad. En todos estos aspectos debemos cumplir con nuestra responsabilidad como miembros. Ser fieles en toda la casa de Dios, es cumplir con nuestra responsabilidad en todos los aspectos de nuestra vida; como hijos de Dios, líderes o miembros de la iglesia, miembros de la familia, empleados en una compañía, estudiantes o profesores en una escuela. No debemos ser solo responsables en una o dos responsabilidades y ser negligentes con las demás responsabilidades. Debemos ser fieles en todos los aspectos de nuestra vida.

Quizás alguien piense: 'Solo tengo un cuerpo, ¿cómo puedo ser fiel en todas las áreas?' No obstante, en la medida que somos transformados a lo espiritual, no es algo difícil ser fieles en toda la casa de Dios. A pesar de que invirtamos poco tiempo, seguramente podemos cosechar el fruto de lo que sembramos en el espíritu.

Además, aquellos que han cambiado a lo espiritual, no buscan su propio beneficio y comodidad sino que piensan en los beneficio de las demás personas. Ellos ven primero las cosas desde el punto de vista de los demás. De esta manera, este tipo de personas serán responsables de todas sus tareas, aunque tengan que sacrificarse a sí mismos. Es más, en la medida en que alcanzamos el nivel del espíritu, nuestro corazón estará lleno de bondad, y si somos buenos, no nos inclinaremos hacia un solo lado en particular. Por lo tanto, aunque tengamos muchas responsabilidades, no descuidaremos ninguna de ellas.

Nos esforzaremos mucho para cuidar de todos los que nos rodean, tratando de cuidar a las demás personas un poco más. Entonces, las personas a nuestro alrededor sentirán la honradez de nuestro corazón. Por lo tanto, no serán decepcionados porque no podemos estar con ellos todo el tiempo, sino que estarán agradecidos de que nos preocupamos por ellos.

Por ejemplo: una persona tiene dos funciones; es el líder en uno de los grupos y solo un miembro en el otro. En ese caso, si posee bondad y si ha producido en su vida el fruto de la fidelidad, no descuidará ninguno de los grupos. No simplemente dirá: "Los miembros de este último grupo me entenderán por no estar con ellos, porque yo soy el líder del primer grupo." Si por alguna razón no puede estar presente físicamente con el último grupo, intentará ser de algún tipo de ayuda con el grupo de otras maneras y en su corazón. Del mismo modo, podemos ser fieles en toda la casa de Dios y tener paz con todos en la medida en que tengamos bondad.

Fidelidad para el reino de Dios y Su justicia

José fue vendido como esclavo a la casa de Potifar, el capitán de la guardia real. José era tan fiel y digno de confianza que Potifar le asignó toda la responsabilidad del trabajo en la casa a este joven esclavo y se despreocupó de lo que tenía que hacer. Fue porque José se encargó aun de pequeñas cosas, esforzándose por hacer lo mejor posible, teniendo el corazón de su amo.

El reino de Dios también necesita de obreros fieles como José en muchas áreas. Si usted tiene una responsabilidad y la cumple con fidelidad al punto que su líder no tiene que preocuparse de ello en absoluto, ¡entonces usted será de gran fortaleza para el reino de Dios!

Lucas 6:10 nos dice: *"El que es fiel en lo muy poco, también en lo más es fiel; y el que en lo muy poco es injusto, también en lo más es injusto."* A pesar de que servía a un amo en lo físico, José trabajó fielmente con su fe puesta en Dios. Dios no tomó esto como algo irrelevante, al contrario, hizo que José se convirtiera en el primer ministro de Egipto.

Yo nunca he tomado la obra de Dios como algo a la ligera; siempre he ofrecido oraciones durante toda la noche, incluso antes de la apertura de la iglesia, pero luego de la apertura de la iglesia oraba personalmente desde la medianoche hasta las 4:00 am y luego dirigía la Reunión de oración a las cinco de la mañana. En ese entonces no teníamos la reunión de oración de Daniel que tenemos actualmente, a partir de las 21:00 pm. No tuvimos otros pastores o líderes de células, así que tuve que dirigir todas las reuniones de oración del amanecer yo solo, sin embargo, jamás falté un día.

Además, tuve que preparar los sermones para los servicios dominicales, los servicios de los miércoles y la Vigilia entera del viernes, mientras asistía al seminario teológico. Jamás trate de hacer a un lado mis responsabilidades o dárselas a otros solo porque estaba cansado. Luego de regresar del seminario, me ocupaba de las personas enfermas o visitaba a los miembros. Había tantas personas enfermas que venían de todo el país. Puse todo mi corazón cada vez que hice una visita a un miembro de la iglesia para servirle espiritualmente.

En ese momento, algunos de los estudiantes tuvieron que hacer trasbordos de dos o tres autobuses para llegar a la iglesia. En la actualidad tenemos autobuses en la iglesia, pero en ese momento no disponíamos de ellos. Por lo tanto, quería que los estudiantes fueran capaces de llegar a la iglesia sin tener que preocuparse por las tarifas de los autobuses. Entonces seguía a los estudiantes después de los servicios de adoración a la parada del autobús y les daba las fichas o boletos y luego los despedía. Yo les daba suficientes fichas para el autobús para que tuvieran lo suficiente para venir a la iglesia la próxima vez. La cantidad de ofrendas para la iglesia era solo unas cuantas decenas de dólares, y esos gastos no podían ser cubiertos por la iglesia. Les daba para los boletos de los autobuses con mis propios ahorros.

Cuando una nueva persona se registraba, los consideraba a cada uno como un tesoro precioso, así que oraba por ellos y les servía con amor para no perder a ninguna de estas personas. Por esta razón, en ese momento ninguna de las personas que se registraban se iban de la iglesia. Naturalmente, la iglesia crecía de modo constante. Ahora que la iglesia tiene una gran cantidad de miembros, ¿significa eso que mi fidelidad se ha enfriado? ¡Por supuesto que no! Mi pasión por las almas jamás ha disminuido.

En la actualidad tenemos más de 10 000 iglesias filiales en el mundo, al igual que una gran cantidad de pastores, ancianos, diaconisas mayores y líderes de distritos, subdistritos y de grupos de células. Y, sin embargo, mis oraciones y el amor por las almas solo han estado creciendo con mayor fervor.

¿De alguna manera su fidelidad ante Dios se ha enfriado? ¿Quizás usted solía tener responsabilidades dadas por Dios, pero ya no tiene ninguna en la actualidad? Si usted tiene la misma responsabilidad ahora como en el pasado, ¿será que su fervor por la responsabilidad se ha enfriado? Si tenemos fe verdadera, nuestra fidelidad irá en aumento a medida que maduramos en nuestra fe, y somos fieles en el Señor para llevar a cabo el reino de Dios y salvar a numerosas almas. Por lo tanto, ¡recibiremos luego una gran cantidad de recompensas valiosas en el Cielo!

Si Dios hubiera querido la fidelidad solo en los hechos, no habría tenido que crear a la humanidad, ya que hay innumerables huestes celestiales y ángeles que obedecen muy bien. Sin embargo, Dios no quería a alguien que obedeciera incondicionalmente; alguien como un robot. Dios quiere a hijos que le obedezcan con su amor por Él proveniente de lo más profundo de sus corazones.

En Salmos 101:6 leemos: *"Mis ojos pondré en los fieles de la tierra, para que estén conmigo; el que ande en el camino de la perfección, éste me servirá."* Aquellas personas que se despojan de toda forma de maldad y llegan a ser fieles en toda la casa de

Dios, recibirán la bendición de ingresar a la Nueva Jerusalén, que es la morada más hermosa en el Cielo. Por ello, espero que se convierta en un obrero que sea como un pilar del reino de Dios y disfrute el honor de permanecer cerca del trono de Dios.

Mateo 11:29

"Llevad mi yugo sobre vosotros, y aprended de mí,

que soy manso y humilde de corazón;

y hallaréis descanso para vuestras almas."

Capítulo 9

Mansedumbre

Mansedumbre para aceptar a las personas
Mansedumbre espiritual acompañada de generosidad
Características de aquellos que han producido el fruto de la mansedumbre
Producir el fruto de la mansedumbre
Cultivar la buena tierra
Bendiciones para los mansos

Mansedumbre

Sorprendentemente muchas personas se preocupan acerca del mal temperamento, la depresión, o sobre su personalidad que es muy introvertida o extrovertida. Algunas personas simplemente atribuyen todo a su personalidad cuando las cosas no marchan como ellos quieren, diciendo: "No puedo evitarlo, es mi personalidad." No obstante, Dios creó al hombre y no es difícil para Él cambiar la personalidad de las personas mediante Su poder.

Moisés una vez mató a un hombre debido a su temperamento, pero fue cambiado por el poder de Dios al punto de ser reconocido por Dios por ser la persona más humilde y más mansa sobre la faz de la Tierra. El apóstol Juan tenía el sobrenombre de 'hijo del trueno', y luego fue cambiado por el poder de Dios y fue reconocido como 'el apóstol del amor.'

Si ellos están dispuestos a desechar la maldad y arar la tierra de su corazón, incluso aquellos que tienen mal temperamento, los que se jactan y los que son egocéntricos, pueden cambiar y cultivar un carácter de mansedumbre.

Mansedumbre para aceptar a las personas

En el diccionario la palabra mansedumbre se define como la cualidad o el estado de ser apacible, suave, tierno o amable. Las personas que son tímidas o que tienen 'timidez social' en su carácter, son aquellas que no pueden expresarse bien a sí mismas, es posible que parezcan ser personas mansas. Aquellos que son ingenuos o que no se enojan en lo absoluto debido al bajo nivel intelectual, pueden parecer mansos a los ojos de la gente del mundo.

No obstante, la mansedumbre espiritual no es simplemente ser apacible y tener una ternura suave, es tener la sabiduría y la capacidad de discernir entre el bien y el mal y, al mismo tiempo, ser capaz de comprender y aceptar a todo el mundo porque en ellos no existe el mal. Es decir, la mansedumbre espiritual es tener generosidad junto con un carácter suave y blando. Si usted posee esta generosidad virtuosa, no simplemente será suave todo el tiempo, sino que también tendrá una dignidad fuerte cuando sea necesario.

El corazón de una persona amable es suave como un algodón. Si usted arroja una piedra en el algodón o lo pincha con una aguja, el algodón simplemente lo cubrirá y abrazará al objeto. De igual manera, no importa cómo las demás personas los traten, aquellos que son espiritualmente mansos no tendrán malos sentimientos en sus corazones hacia estas personas. Es decir, ellos no se enojan ni tampoco experimentan molestias, ni tampoco causan molestias a los demás.

Tampoco juzgan ni condenan sino que muestran comprensión y aceptación. La gente sentirá consuelo de parte de estas personas, y muchos de ellos son capaces de llegar y encontrar descanso en aquellas personas que son mansas. Es como un árbol grande con muchas ramas en las cuales las aves puedan venir, anidar y descansar.

Moisés fue una de estas personas que fue reconocida por Dios debido a su mansedumbre. Números 12:3 dice: *"Y aquel varón Moisés era muy manso, más que todos los hombres que había sobre la tierra."* En el tiempo del Éxodo, el número de los hijos de Israel eran más de 600 000 hombres adultos. Incluyendo las mujeres y los niños, eran más de dos millones de personas. Estar solo al frente de un gran número de personas, sería una tarea muy difícil para una persona común.

Esto es especialmente cierto para personas que habían endurecido sus corazones por haber sido esclavos de Egipto. Si son golpeados con regularidad, escuchan un lenguaje grosero y abusivo, y realizan laborioso trabajo de esclavos, su corazón se tornará áspero y endurecido. En esta condición, no es nada fácil guardar la gracia en los corazones o que ellos pudieran amar a Dios en sus corazones. Es por ello que las personas desobedecían a Dios en cada momento, a pesar de que Moisés les mostró tan grande poder.

Cuando se enfrentaron con un poco de dificultad en sus situaciones, pronto empezaron a quejarse y se pusieron en contra de Moisés. Solo por ver el hecho de que Moisés condujo a estas personas en el desierto durante 40 años, podemos entender cuán manso espiritualmente era Moisés. Este tipo de corazón de Moisés es el de mansedumbre espiritual, que es uno de los frutos del Espíritu Santo.

Mansedumbre espiritual acompañada de generosidad

Quizás hay alguien que piensa algo como lo siguiente: "Yo no me enojo, y creo que soy más manso que otros, pero en realidad no recibo respuestas a mi oración. Realmente tampoco escucho la voz del Espíritu Santo muy bien." Entonces, usted debe examinar si su mansedumbre es carnal. La gente puede decir que es manso si usted parece ser apacible y tranquilo, pero es solo mansedumbre carnal.

Lo que Dios quiere es la mansedumbre espiritual. Este tipo de mansedumbre, no es simplemente ser manso y apacible, sino que debe estar acompañada con la generosidad virtuosa. Junto con la mansedumbre de corazón, también debe tener la cualidad de la generosidad virtuosa visible en el exterior, con el fin de poder cultivar la mansedumbre espiritual por completo. Es lo mismo que una persona con un carácter excelente que está vestido con un traje que se ajusta a su persona. Incluso si una persona posee un buen carácter, si camina desnuda, sin llevar ninguna ropa, su desnudez será causa de su vergüenza. Igualmente, la mansedumbre sin la generosidad virtuosa, no es completa.

La generosidad virtuosa es como el traje que hace resplandecer la mansedumbre, pero es diferente a los actos legalistas o hipócritas. Si la santidad no está en su corazón, no se puede decir que tenga generosidad virtuosa solo porque posee buenas acciones en lo externo. Si se inclinan hacia mostrar actos apropiados en lugar de cultivar el corazón, es probable que deje de darse cuenta de sus defectos y piense equivocadamente que ha logrado el crecimiento espiritual en gran medida.

Sin embargo, incluso en este mundo, las personas que solo poseen una apariencia externa sin tener buena personalidad, no podrán ganar el corazón de los demás. En la fe ocurre lo mismo; concentrarse en las obras externas sin cultivar la belleza interior no tiene sentido.

Por ejemplo: algunas personas actúan de manera correcta, pero juzgan y miran con desprecio a los demás que no actúan como ellos. Ellos también pueden insistir en sus propias normas cuando tratan con los demás, pensando: "Este es el camino correcto, así que ¿por qué no simplemente lo hacen de esta manera?" Pueden hablar palabras agradables cuando dan consejos, pero juzgan a los demás en sus corazones, y hablan debido a su arrogancia y malos sentimientos. Las personas no podrán encontrar descanso en este tipo de individuos, al contrario, solo se verán afectados y desalentados, por lo que no querrán estar cerca de estas personas.

Algunos también se enojan y se irritan por su arrogancia y maldad. Pero dicen que solo tienen 'indignación justa', y que es por el bien de los demás. No obstante, aquellos que tienen generosidad virtuosa no perderán la paz de la mente en ninguna situación.

Si usted realmente quiere producir los frutos del Espíritu Santo por completo, no puede simplemente cubrir la maldad en su corazón con otras apariencias. Si lo hace, entonces es solo un espectáculo para la gente. Tiene que examinarse a sí mismo una y otra vez en todo y elegir el camino de la bondad.

Características de aquellos que han producido el fruto de la mansedumbre

Cuando la gente ve a los que son mansos y tienen un corazón amplio, dicen que los corazones de estas personas son como un océano. El océano acepta todas las aguas contaminadas de los ríos y arroyos, y las purifica. Si cultivamos un corazón amplio y manso como el océano, podemos llevar a las almas aún manchadas de pecado al camino de la salvación.

Si tenemos la generosidad en lo externo junto con la dulzura interior, podemos ganar los corazones de muchas personas, y podemos lograr grandes cosas. Ahora, le voy a dar algunos ejemplos de las características de aquellos que han dado el fruto de la mansedumbre.

Primero, son decorosos y moderados en sus acciones.

Aquellos que parecen ser apacibles en su temperamento pero que en realidad son indecisos, no pueden aceptar a los demás. Ellos serán despreciados y utilizados por otras personas. En la historia, algunos reyes fueron mansos en su carácter, pero no tenían la generosidad virtuosa, por lo que el país no era estable. Más tarde en la historia, la gente los evaluó no como personas amables o mansas, sino por ser incapaces e indecisos.

Por otra parte, algunos reyes poseían un carácter cálido y apacible acompañado de sabiduría y dignidad. Bajo el gobierno de estos reyes, el país estaba estable y las personas tenían paz. De igual manera, aquellos que tienen tanto mansedumbre como generosidad virtuosa, tienen un nivel adecuado de juicio; hacen lo que es correcto al discernir lo que está bien y mal.

Cuando Jesús purificó el Templo y reprendió la hipocresía de los fariseos y los escribas, fue muy fuerte y severo. Él tiene un corazón manso para no 'romper la caña cascada ni apagar el pábilo que humea', pero aún así, Él reprendió al pueblo con dureza cuando tenía que hacerlo. Si usted tiene tal dignidad y rectitud en el corazón, las personas no lo mirarán con desprecio a pesar de que nunca levanta la voz o trata de convertirse en alguien rígido.

El aspecto exterior también está relacionado con la posesión de las maneras del Señor y las obras perfectas del cuerpo. Los que son virtuosos tienen dignidad, autoridad e importancia en sus palabras; no hablan descuidadamente palabras sin sentido. Además, visten con la ropa adecuada para cada ocasión. Tienen expresiones faciales apacibles, y no caras bruscas o frías.

Por ejemplo: supongamos que una persona tiene su pelo y vestimenta desalineada, y su conducta es inadecuada. Supongamos que además le gusta constantemente hacer chistes y hablar acerca de cosas sin sentido. Probablemente es muy difícil para este tipo de persona ganar la confianza y el respeto de los demás, quienes no querrán ser aceptados ni abrazados por él.

Si Jesús hubiera estado bromeando en todo tiempo, Sus discípulos habrían tratado de bromear con Él. Así pues, si Jesús les enseñaba algo difícil, habrían argumentado o insistido en sus propias opiniones de inmediato. Sin embargo, no se atrevieron a hacer algo así. Incluso los que se le acercaron para argumentar, no podían realmente discutir con Él debido a Su dignidad. Las palabras y acciones de Jesús siempre tuvieron peso y dignidad, por lo que las personas no podían considerarlas a la ligera.

Por supuesto, a veces el superior en jerarquía puede hacer una broma a sus subordinados con el fin de aliviar el estado de ánimo de ellos, pero si los subordinados se burlan y tienen malas actitudes, significa que no tienen una comprensión adecuada. No obstante, si los líderes no están en lo correcto, y tienen la apariencia de que están distraídos, no pueden ganar la confianza de los demás. Sobre todo, los oficiales de alto rango en una empresa deben tener actitudes correctas, buenos modos de comunicarse y comportarse.

Un superior en una organización podría hablar un lenguaje

honorífico y actuar con respeto ante sus subordinados, pero a veces, si uno de sus subordinados está mostrando excesivo respeto, este superior podría hablar un lenguaje corriente, no en forma honorífica, a fin de hacer sentir cómodo a su subordinado. En esta situación, no ser alguien demasiado respetuoso podría hacer sentir a su subordinado a gusto y, de esta manera, podría abrir su corazón más fácilmente. Sin embargo, solo porque el superior hace sentir más cómodos a sus subordinados, la gente que tiene un rango menor no debe menospreciar a sus superiores, discutir con ellos o desobedecerles.

Romanos 15:2 dice: *"Cada uno de nosotros agrade a su prójimo en lo que es bueno, para edificación."* Filipenses 4:8 dice: *"Por lo demás, hermanos, todo lo que es verdadero, todo lo honesto, todo lo justo, todo lo puro, todo lo amable, todo lo que es de buen nombre; si hay virtud alguna, si algo digno de alabanza, en esto pensad."* Del mismo modo, aquellos que son virtuosos y generosos harán todo con rectitud, y también tendrán consideración para hacer que las personas se sientan cómodas.

Luego, las personas mansas muestran acciones de misericordia y compasión teniendo un corazón amplio

Estas personas no solo ayudan a los que están en necesidad financiera, sino también a los que se sienten espiritualmente cansados y débiles, al consolarlos y mostrarles la gracia. Y aunque poseen mansedumbre en ellos, si esa mansedumbre solo permanece en su corazón, es difícil emanar la fragancia de Cristo.

Por ejemplo: supongamos que un creyente está sufriendo persecución debido a su fe. Si los líderes de la iglesia a su alrededor se llegan a enterar de ello, sentirán compasión por este creyente y orarán por él. Estos son los líderes que sienten compasión solo en sus corazones. Por otra parte, otros líderes personalmente le animan y consuelan, y también le ayudan con sus obras y acciones de acuerdo con la situación; fortaleciéndole para ayudarle a vencer con fe.

Por lo tanto, tan solo tener en su corazón consideración y mostrar hechos reales, será de gran diferencia para la persona que está pasando por un problema. Cuando las personas mansas se muestran en lo externo con obras generosas, puede darle gracia y vida a los demás. Por consiguiente, cuando la Biblia dice que 'los mansos recibirán la tierra por heredad' (Mateo 5:5), tiene una relación muy cercana con la fidelidad que surge como resultado de la generosidad virtuosa. Heredar la Tierra está relacionado con las recompensas celestiales. Generalmente, recibir recompensas celestiales tiene una relación con la fidelidad. Cuando usted recibe una placa de reconocimiento, mérito de honor o un premio por el evangelismo por parte de la iglesia, es un resultado de su fidelidad.

De igual manera, los mansos recibirán bendiciones, pero esto no proviene en sí de un corazón manso. Cuando ese corazón gentil se expresa con actos virtuosos y generosos, producirá el fruto de la fidelidad. Entonces, recibirán recompensa como resultado de ello. Es decir, cuando usted acepta y abraza a muchas almas con generosidad, los consuela y los anima, y les da vida, usted tendrá la tierra por heredad en el Cielo a través de tales obras.

Producir el fruto de la mansedumbre

Ahora, ¿cómo podemos producir el fruto de la mansedumbre? En conclusión, debemos cultivar nuestro corazón en una buena tierra.

> *Y les habló muchas cosas por parábolas, diciendo: "He aquí, el sembrador salió a sembrar. Y mientras sembraba, parte de la semilla cayó junto al camino; y vinieron las aves y la comieron. Parte cayó en pedregales, donde no había mucha tierra; y brotó pronto, porque no tenía profundidad de tierra; pero salido el sol, se quemó; y porque no tenía raíz, se secó. Y parte cayó entre espinos; y los espinos crecieron, y la ahogaron. Pero parte cayó en buena tierra, y dio fruto, cuál a ciento, cuál a sesenta, y cuál a treinta por uno"* (Mateo 13:3-8).

En Mateo 13 nuestro corazón se asemeja a cuatro diferentes tipos de suelos. Puede ser categorizado en la tierra junto al camino, pedregales, entre espinos y la buena tierra.

La tierra del corazón que se asemeja a la tierra junto al camino, tiene que ser quebrantada de su arrogancia y de sus criterios egocéntricos

La tierra junto al camino es pisada por las personas y es dura, por lo que las semillas no pueden ser sembradas. Debido a que las semillas no pueden echar raíces, son devoradas por las aves. Los personas que tienen esos corazones tienen mentes obstinadas. No abren su corazón a la verdad, por ello no pueden conocer a Dios ni poseer fe.

Sus propios conocimientos y valores han sido cimentados con tanta fuerza que no pueden aceptar la Palabra de Dios. Creen firmemente que tienen la razón. Con el fin de que puedan quebrantar su arrogancia y criterios, primero tienen que derribar la maldad en su corazón. Es difícil quebrantar la arrogancia y los criterios personales si uno mantiene su orgullo, arrogancia, terquedades y falsedades. Esa maldad hará que la persona tenga pensamientos carnales que les impida creer en la Palabra de Dios.

Por ejemplo: aquellos que han ido acumulando falsedades en sus mentes no pueden dejar de dudar incluso si los demás están diciendo la verdad. Romanos 8:7 nos dice: *"Por cuanto los designios de la carne son enemistad contra Dios; porque no se sujetan a la ley de Dios, ni tampoco pueden."* Como está escrito, no pueden decir 'Amén' a la Palabra de Dios, ni tampoco obedecen.

Algunas personas son muy tercas al principio, pero una vez que reciben la gracia y sus pensamientos cambian, se vuelven muy fervientes en su fe. Este es el caso en el que tienen actitudes externas duras, pero en lo profundo del corazón se suavizan y se hacen mansos. No obstante, las personas que son como la tierra junto al camino, son diferentes a estas personas. Este es el caso en el que también se ha endurecido lo más secreto del corazón. Un corazón que se endurece en lo externo, pero es manso en su interior, puede ser comparado con una delgada capa de hielo, mientras que la tierra junto al camino puede ser comparada a una piscina de agua que se congela hasta el fondo.

Dado que el corazón que es como la tierra junto al camino se ha endurecido con falsedad y maldad durante mucho tiempo, no es fácil quebrantarlo en un corto período de tiempo. Uno tiene que seguir quebrantándolo una y otra vez para cultivarlo. Cada vez que la Palabra de Dios no está en acuerdo con sus pensamientos, deben pensar si es que sus pensamientos son realmente correctos. Además, tienen que almacenar actos de bondad para que Dios les pueda dar de Su gracia.

A veces, algunas personas me piden que ore por ellas para que puedan tener fe. Por supuesto, es una lástima que no puedan tener fe, incluso después de ser testigos del poder de Dios y de escuchar en muchas ocasiones de la Palabra de Dios, pero sigue siendo mucho mejor que no intentarlo en absoluto. En el caso de los corazones que son como la tierra junto al camino, los miembros de su familia y los líderes de la iglesia deben orar por ellos y guiarlos, pero es también importante que demuestren sus propios esfuerzos. Entonces, en un momento dado en el tiempo, la semilla de la Palabra comenzará a brotar en sus corazones.

El corazón semejante a los pedregales, debe desechar el amor por el mundo

Si siembras semillas en un campo rocoso, las semillas brotarán, pero no pueden crecer bien debido a las piedras. De la misma manera, aquellos que tienen el corazón como los pedregales caen pronto cuando vienen las pruebas, persecuciones, o tentaciones.

Cuando reciben la gracia de Dios, sienten que realmente quieren intentar vivir según la Palabra de Dios. Incluso pueden también experimentar las poderosas obras del Espíritu Santo. Es decir, la semilla de la Palabra cae en el corazón y germina. No obstante, incluso después de recibir esta gracia, tienen pensamientos contradictorios que surgen cuando están a punto de ir a la iglesia al domingo siguiente. Ciertamente experimentan el Espíritu Santo, pero comienzan a dudar y a sentir que era una especie de momento emocional. Tienen pensamientos que les hacen dudar y nuevamente cierran la puerta de su corazón.

Para otros, el conflicto podría ser que en realidad no pueden salir de sus pasatiempos y otros entretenimientos que están acostumbrados a disfrutar, en lugar de guardar el día del Señor. Si son perseguidos por sus familiares o sus jefes en el trabajo mientras llevan una vida llena del Espíritu en la fe, dejan de asistir a la iglesia. Reciben mucha gracia y parecen llevar una vida ardiente en la fe durante algún tiempo, pero si tienen un problema con otros creyentes en la iglesia, pueden ofenderse y pronto abandonan la iglesia.

Entonces, ¿cuál es la razón por la que la semilla de la Palabra no echa raíces? Es debido a las 'rocas' que están en su corazón. La carnalidad del corazón está simbólicamente representada por las 'rocas' y son estas falsedades las que impiden la obediencia a la Palabra. Entre tantas cosas falsas, éstas son aquellas que son tan duras, que impiden que la semilla de la Palabra deje su raíz. Más específicamente, es la carnalidad del corazón que ama este mundo.

Si les gusta algún tipo de entretenimiento mundano, es difícil para ellos guardar la Palabra que les enseña a 'guardar el día de reposo como un día santo.' Además, aquellos que tienen la roca de la codicia en su corazón, no llegan a la iglesia porque no les gusta dar el diezmo y las ofrendas a Dios. Algunas personas tienen la roca de las enemistades en su corazón, por ello la palabra de amor no puede hacer raíz en ellos.

Entre los que asisten a la iglesia regularmente, hay algunos que tienen el corazón como los pedregales. Por ejemplo: aunque nacieron y se criaron en familias cristianas y que han aprendido de la Palabra desde la infancia, no viven por la Palabra de Dios. Ellos experimentan el Espíritu Santo y a veces también reciben la gracia, pero no desechan su amor por el mundo. Mientras están escuchando la Palabra, piensan dentro de sí que no deben vivir como lo están haciendo, pero cuando vuelven a casa retornan nuevamente al mundo. Viven sus vidas como si estuvieran cabalgando con un pie en el lado de Dios y el otro pie en el lado del mundo. A causa de la palabra que ellos escucharon no dejan a Dios, pero todavía tienen muchas rocas en su corazón que dificultan que la Palabra de Dios se arraigue.

Además, algunos pedregales solo son parcialmente rocosos. Por ejemplo: algunas personas son fieles sin ningún cambio en la mente, y también producen ciertos frutos. Sin embargo, tienen odio en su corazón y tienen conflictos con otras personas en todos los asuntos. Además juzgan y condenan, de esta manera quebrantan la paz en cualquier lugar. Por esta razón, después de muchos años, no pueden producir el fruto del amor o el fruto de la mansedumbre, mientras que otros poseen mansedumbre y un corazón bueno. Son considerados y son comprensivos con los demás, pero no son fieles. Con facilidad quebrantan sus promesas y son irresponsables en muchos aspectos. Por lo tanto, deben mejorar sus deficiencias para arar la tierra del corazón y hacer que sea buena tierra.

Ahora, ¿qué debemos hacer para arar los pedregales?

Primero, de manera diligente debemos seguir la Palabra. Cierto creyente trata de cumplir con sus responsabilidades en obediencia a la Palabra que nos dice que debemos ser fieles, pero no resulta tan fácil como él pensaba.

Cuando no era más que un miembro laico de la iglesia, que no tiene título o posición, otros miembros le servían, pero ahora en su posición él debe servir a otros miembros laicos. Es posible que se esté esforzando, pero tiene malos sentimientos cuando trabaja junto a alguien que no está de acuerdo con sus maneras. Sus malos sentimientos tales como el resentimiento y el mal temperamento surgen del corazón. Él pierde gradualmente la plenitud del Espíritu, e incluso ni siquiera piensa en renunciar a su deber.

Entonces, sus malos sentimientos son las piedras que él tiene que desechar de la tierra de su corazón. Estos malos sentimientos se derivan de la gran piedra llamada 'odio.' Cuando trata de obedecer la Palabra, 'ser fiel', ahora se enfrenta a la piedra llamada 'odio.' El momento que él la descubre, debe atacar esta piedra llamada 'odio' y sacarla. Solo entonces puede obedecer a la Palabra que nos dice que debemos amar y tener paz. Además, no debe darse por vencido solo porque es difícil, sino que él tiene que aferrarse a su deber aún más firme y cumplirlo con más pasión. De esta manera, puede transformarse en un obrero que es manso.

En segundo lugar, debemos orar fervientemente mientras practicamos la Palabra de Dios. Cuando la lluvia cae sobre la tierra, esta se humedece y se hace blanda, y ese es un buen momento para remover todas las piedras. De igual manera, cuando oramos, estaremos llenos del Espíritu y nuestro corazón se suavizará. Cuando estamos llenos con el Espíritu Santo debido a la oración, no debemos perder dicha oportunidad, y rápidamente sacar las piedras. Es decir, debemos poner las cosas en práctica, las mismas que anteriormente no podíamos obedecer en realidad. Como seguimos haciendo esto una y otra vez, incluso las piedras grandes colocadas muy dentro se pueden sacudir y retirar. Cuando recibimos la gracia y la fuerza que Dios nos ha dado de lo alto y recibimos la plenitud del Espíritu Santo, entonces podemos desechar el pecado y la maldad que no pudimos desechar con nuestra propia fuerza de voluntad.

La tierra entre espinos no produce fruto debido a las preocupaciones del mundo y el engaño de las riquezas

Si sembramos semillas en lugares espinosos, pueden germinar y crecer, pero debido a los espinos no pueden dar fruto. Del mismo modo, aquellos que tienen el corazón como el campo espinoso, creen y tratan de practicar la Palabra que se les da, pero no pueden poner en práctica la palabra por completo. Es debido a que tienen preocupaciones mundanas, y las falsedades de las riquezas, que son la ambición por el dinero, la fama y el poder. Por esta razón, estas personas viven en aflicciones y pruebas.

Este tipo de personas tienen constantes preocupaciones de las cosas naturales, como tareas de la casa, sus negocios, o de su trabajo a pesar de que vienen a la iglesia. Se supone que deben obtener consuelo y nueva fuerza mientras asisten al servicio en la iglesia, pero solo tienen preocupaciones e inquietudes en aumento. Entonces, a pesar de que pasan tantos domingos en la iglesia, no pueden saborear la verdadera alegría y la paz de mantener los domingos como un día santo. Si realmente mantienen los domingos como un día santo, sus almas prosperarán y recibirán bendiciones espirituales y materiales. No obstante, no pueden recibir este tipo de bendiciones. Por lo tanto, tienen que quitar los espinos y practicar la Palabra de Dios correctamente, para que puedan tener una buena tierra en su corazón.

Ahora, ¿cómo podemos arar la tierra con espinos?

Debemos sacar los espinos de raíz. Los espinos simbolizan los pensamientos carnales, y sus raíces simbolizan la maldad y las cosas carnales del corazón. Es decir, los atributos malignos y carnales en el corazón son la fuente de los pensamientos carnales. Si las ramas son simplemente cortadas de los arbustos espinosos, estas crecerán de nuevo. De igual manera, a pesar de hacer que nuestra mente no tenga pensamientos carnales, no podemos detenerlos mientras tengamos maldad en nuestros corazones. Debemos sacar la carnalidad de raíz de nuestros corazones.

Entre las muchas raíces, si sacamos las raíces conocidas como la avaricia y la arrogancia, podemos desechar la carne de nuestro corazón en un grado significativo. Somos propensos a estar atados al mundo y preocuparnos por las cosas del mundo porque tenemos codicia de las cosas carnales. Entonces siempre pensamos en lo que es de beneficio personal y seguimos nuestro propio camino, a pesar de que podemos decir que estamos viviendo por la Palabra de Dios. Además de ello, si tenemos arrogancia, tampoco podemos obedecer de manera completa. Utilizamos sabiduría carnal y nuestros pensamientos carnales, porque pensamos que somos capaces de hacer algo. Por consiguiente, primeramente debemos arrancar las raíces de la codicia y la arrogancia.

Cultivar la buena tierra

Cuando las semillas son sembradas en buena tierra, estas germinan y crecen y dan frutos 30, 60 o 100 veces más. Los que tienen este tipo de tierra en el corazón no tienen arrogancia ni criterios personales como los que tienen el corazón como la tierra junto al camino. Ellos no tienen las piedras ni espinos, y por lo tanto obedecen la Palabra de Dios con solo 'Sí' y 'Amén.' De esta manera, pueden producir abundante fruto.

Por supuesto, es difícil hacer una distinción clara entre la tierra junto al camino, los pedregales, entre espinos, y la buena tierra del corazón de los hombres, como si estuviéramos analizando con alguna medida. Un corazón con tierra junto al camino puede tener algo de pedregales. Incluso la buena tierra puede poner algunas falsedades que son como piedras en el proceso de crecimiento. No obstante, no importa cuál sea el tipo de tierra, podemos hacer que sea buena tierra si de manera diligente la aramos. Del mismo modo, lo importante es cuán diligentemente estamos arando la tierra, en lugar de qué tipo de tierra del corazón tenemos.

Incluso una tierra muy estéril puede ser cultivada y transformada en un campo de buena tierra si el agricultor la ara diligentemente. Del mismo modo, la tierra del corazón de las personas puede ser cambiada mediante el poder de Dios. Incluso los corazones endurecidos, como la tierra que está junto al camino, se pueden arar con la ayuda del Espíritu Santo.

Y por supuesto, recibir el Espíritu Santo no necesariamente significa que nuestros corazones cambiarán automáticamente; pues tiene que ser también nuestro propio esfuerzo. Tenemos que tratar de orar con fervor, tratar de pensar solo en la verdad en todas las cosas, y de practicar la verdad. No debemos renunciar después de intentarlo por varias semanas o incluso varios meses, sino que debemos seguir intentándolo.

Dios considera nuestro esfuerzo antes de darnos Su gracia, poder y la ayuda del Espíritu Santo. Si tenemos en cuenta lo que debemos cambiar y realmente lo hacemos por la gracia y el poder de Dios, y la ayuda del Espíritu Santo, entonces no cabe duda de llegaremos a ser muy diferente después de un año. Podremos hablar buenas palabras y seguir la verdad y nuestros pensamientos cambiarán en buenos pensamientos pertenecientes a la verdad.

En la medida que nosotros cultivamos nuestra tierra del corazón en buena tierra, otros frutos del Espíritu Santo serán producidos en nuestras vidas. En particular, la mansedumbre está estrechamente relacionada con el cultivo de nuestra tierra del corazón. A menos que no retiremos varias falsedades tales como el mal temperamento, el odio, la envidia, la codicia, las peleas, la jactancia y la arrogancia, no podremos tener mansedumbre. Entonces, las demás almas no podrán encontrar descanso en nosotros.

Por esta razón, la mansedumbre está directamente relacionada más con la santidad que los demás frutos del Espíritu Santo. Podemos recibir rápidamente cualquier cosa que pedimos en oración, como la buena tierra que produce fruto, si cultivamos la mansedumbre espiritual. Además seremos capaces de escuchar la voz del Espíritu Santo con claridad, por lo que podemos ser guiados a la prosperidad de todas las cosas.

Bendiciones para los mansos

No es fácil dirigir una empresa que cuenta con cientos de empleados. Incluso si usted se ha convertido en el líder de un grupo por elección, no es fácil guiar a todo el grupo. Para ser capaces de unir a tanta gente y guiarlos, uno debe poder ganar los corazones de las personas a través de la mansedumbre espiritual.

Por supuesto, la gente puede seguir a aquellos que tienen el poder o los que son ricos y parece que ayudan a los necesitados de este mundo. Hay un dicho coreano que dice: "Cuando el perro de un ministro muere, hay una inundación de dolientes, pero cuando el propio ministro muere, no hay duelo." Igual que en este dicho, podemos saber si una persona realmente tenía la cualidad de la generosidad cuando pierde su poder y riqueza. Cuando una persona es rica y poderosa, parece que las personas la siguen, pero es difícil encontrar a alguien que permanece con una persona hasta el final a pesar de que ha perdido todo su poder y riqueza.

Sin embargo, el que tiene virtud y generosidad es seguido por muchas personas, incluso si pierde su poder y riqueza. Ellos lo siguen no por algún beneficio monetario, sino porque en ellos encuentran consuelo.

Incluso en la iglesia, algunos líderes dicen que es difícil porque no son capaces de aceptar y abrazar un puñado de miembros del grupo de la célula. Si quieren tener un avivamiento en su grupo, primero deben cultivar un corazón manso que sea suave como el algodón. De esta manera los miembros encontrarán descanso en sus líderes, disfrutando de paz y felicidad por lo que el avivamiento podrá automáticamente surgir. Los pastores y ministros deben ser muy mansos, y estar en condiciones de aceptar muchas almas.

Hay bendiciones dadas a los mansos. Mateo 5:5 dice: *"Bienaventurados los mansos, porque ellos recibirán la tierra por heredad."* Como lo mencioné anteriormente, heredar la tierra no significa que vayamos a recibir tierras aquí en este mundo, significa que recibiremos tierra en el Cielo en la medida que cultivemos la mansedumbre espiritual en nuestro corazón. Recibiremos una casa lo suficientemente grande en el Cielo para que podamos invitar a todas las almas que encuentren descanso en nosotros.

Obtener una morada tan grande en el Cielo también significa que estaremos en una posición muy honorable. Incluso si tenemos un gran pedazo de terreno en la Tierra, no podremos llevarlo al Cielo. Sin embargo, la tierra que recibamos en el Cielo al cultivar un corazón manso, será nuestra herencia, la cual jamás desaparecerá. Vamos a disfrutar de la felicidad eterna en nuestro lugar junto con el Señor y nuestros seres queridos.

Por consiguiente, espero que con diligencia usted pueda arar su corazón para llevar el hermoso fruto de la mansedumbre, de modo que pueda heredar una gran parcela de tierra como parte de su herencia en el reino celestial como la de Moisés.

1 Corintios 9:25

"Todo aquel que lucha, de todo se abstiene; ellos, a la verdad,

para recibir una corona corruptible,

pero nosotros, una incorruptible."

Capítulo 10

Dominio propio

El dominio propio es necesario en todos los aspectos de la vida
Dominio propio: fundamental para los hijos de Dios
El dominio propio perfecciona los frutos del Espíritu Santo
Evidencias de que en su vida existe el fruto del dominio propio
Si usted quiere tener el fruto del dominio propio

Dominio propio

Un maratón tiene aproximadamente 43 kilómetros (26 millas o 385 yardas) de carrera. Los corredores tienen que dirigir bien su ritmo para llegar a la línea de meta. No es una carrera de distancia corta que termina rápidamente, por ello no deben correr a toda velocidad sin pensar. Tienen que mantener un ritmo muy constante a lo largo de todo el curso, y cuando llegan a un punto apropiado, podrían dar el último esfuerzo de su energía.

Este mismo principio se aplica a nuestras vidas. Tenemos que ser constantemente fieles hasta el final de nuestra carrera de la fe, y ganar la lucha contra nosotros mismos para obtener la victoria. Además, aquellos que quieren recibir la corona de gloria en el reino de los cielos, deben estar dispuestos a ejercitar dominio propio en todo momento.

El dominio propio es necesario en todos los aspectos de la vida

Podemos ver en este mundo que los que no tienen dominio propio hacen compleja su vida y causan dificultades para sí mismos. Por ejemplo: si los padres dan demasiado amor a su hijo solo porque es hijo único, es muy probable que el niño sea alguien consentido. Así también, a pesar de que saben que tienen que administrar y cuidar de sus familias, los que son adictos a los juegos de azar o a otras formas de placer arruinan sus familias porque no pueden controlarse a sí mismos. Ellos dicen: "Esta será la última vez. Ya no lo volveré a hacer", pero esa 'última vez' sigue sucediendo una y otra vez.

En la famosa novela histórica china *Romance de los Tres*

Reinos, Zhang Fei está lleno de afecto y valentía pero es irascible y agresivo. Liu Bei y Guan Yu, que juran hermandad con él, siempre están preocupados de que podría cometer errores en cualquier momento. Zhang Fei recibe muchos consejos, pero en realidad no puede cambiar su carácter. Eventualmente tiene que enfrentar problemas debido a su mal temperamento. Él golpea y azota a sus subordinados que no cumplen con sus expectativas. Luego dos hombres que sentían que eran castigados injustamente, guardaron rencores contra él, entonces lo asesinan y se rinden en el campamento enemigo.

De igual manera, aquellos que no controlan su temperamento, pueden herir los sentimientos de muchas personas en el hogar y en el lugar de trabajo. Es fácil para ellos causar enemistad entre ellos y los demás, y por lo tanto no pueden llevar vidas prósperas. Sin embargo, aquellos que son sabios pondrán la culpa sobre sí mismos y tolerarán a los demás, incluso en situaciones que provoquen a la ira. Incluso si otros cometen grandes errores, controlan su temperamento y ablandan los corazones de los demás con palabras de consuelo. Este tipo de actos son actos sabios que ganarán el corazón de muchas personas y permitirán que sus vidas puedan florecer.

Dominio propio: fundamental para los hijos de Dios

De manera imprescindible, nosotros, como hijos de Dios, necesitamos dominio propio para poder desechar de nuestro ser el pecado. Mientras menos dominio propio tengamos, sentiremos mayores dificultades en despojarnos de los pecados. Cuando escuchamos la Palabra de Dios y recibimos de Su gracia, tomamos la decisión de cambiarnos a nosotros mismos, pero todavía podemos ser tentados por el mundo nuevamente.

Podemos ver esto mediante las palabras que salen de nuestra boca. Muchas personas oran para que sus labios sean santos y perfectos. Sin embargo, en sus vidas se olvidan lo que oran y simplemente dicen lo que se les antoja, siguiendo sus viejos hábitos. Cuando ven que sucede algo que es difícil para ellos poder entender porque va en contra de lo que piensan o creen, algunas personas pronto reniegan y se quejan de ello.

Pueden arrepentirse después de quejarse, pero no pueden controlarse a sí mismos cuando sus emociones se agitan. Además, a algunos les gusta hablar tanto que no pueden detenerse una vez que empiezan a hacerlo. No tienen el discernimiento entre las palabras de la verdad y la falsedad, y las cosas que deben o no deben decir, por ello cometen muchos errores.

Podemos entender lo importante que es el dominio propio, solo al ver este aspecto del control de nuestras palabras.

El dominio propio perfecciona los frutos del Espíritu Santo

No obstante, el fruto del dominio propio es uno de los frutos del Espíritu Santo, no simplemente se refiere a controlar nuestras vidas de cometer pecados. El dominio propio, como uno de los frutos del Espíritu Santo, controla otros frutos del Espíritu para que puedan llegar a ser perfectos. Por esta razón, el primer fruto del Espíritu es el amor y el último es el dominio propio. El dominio propio es menos notable que otros frutos, pero no debemos restarle importancia. Este fruto controla todo para que pueda existir estabilidad, organización y concreción. Es mencionado en último lugar entre otros frutos del Espíritu, porque todos los demás frutos pueden ser perfeccionados a través del dominio propio.

Por ejemplo: a pesar de que tengamos el fruto del gozo, no podemos simplemente expresar nuestra alegría en cualquier lugar o en cualquier momento. Cuando otras personas están de luto en un funeral, ¿qué podrían decir acerca de usted si tiene una gran sonrisa en su rostro? Ellos no dicen que es alguien lleno de gracia porque está dando el fruto del gozo. A pesar de que el gozo de recibir la salvación es tan grande, tenemos que controlarlo de acuerdo a las situaciones. De esta manera podemos hacer que sea un verdadero fruto del Espíritu Santo.

Es importante tener dominio propio cuando somos fieles a Dios. Especialmente, si usted tiene muchas responsabilidades, tiene que asignar su tiempo adecuadamente para que pueda estar donde tiene que estar en el momento apropiado. Incluso cuando una reunión en particular es muy agradable, necesita acabarla cuando tiene que ser finalizada. Del mismo modo, para ser fiel en toda la casa de Dios, necesitamos el fruto del dominio propio.

Es lo mismo con todos los demás frutos del Espíritu Santo, incluyendo el amor, la misericordia, la bondad, etc. Cuando los frutos que nacen en el corazón se muestran en los hechos, tenemos que seguir la guía y la voz del Espíritu Santo para que estos sean los más apropiados. Podemos priorizar el trabajo que debe ser hecho primero y lo que se puede hacer más tarde. Podemos determinar si debemos ir hacia adelante o si debemos dar un paso atrás. Podemos tener este tipo de discernimiento a través del fruto del dominio propio.

Si alguien ha dado todos los frutos del Espíritu Santo por completo, significa que está siguiendo los deseos del Espíritu Santo en todas las cosas. Con el fin de seguir los deseos del Espíritu Santo y actuar en la perfección, debemos tener el fruto del dominio propio. Es por eso que decimos que todos los frutos del Espíritu Santo se completan a través del fruto del dominio propio, el último de los frutos.

Evidencias de que en su vida existe el fruto del dominio propio

Cuando otros frutos del Espíritu Santo surgen en su corazón y se muestran externamente, el fruto del dominio propio se convierte en un centro de arbitraje que da armonía y orden. Incluso cuando tomamos algo bueno en el Señor, tomar todo lo que pueda, no es siempre lo mejor. Se dice que algo en exceso, es peor que algo deficiente. También en el espíritu, debemos hacer todo con moderación tras los deseos del Espíritu Santo.

Ahora, permítame explicarle cómo el fruto del dominio propio se puede mostrar detalladamente.

Primero, seguiremos el orden o la jerarquía en todas las cosas.

Al comprender nuestra posición en el orden, entenderemos cuándo debemos actuar y cuando no, y las palabras que debemos o no debemos decir. Entonces, no habrá disputas, peleas o malos entendidos. Además, no hacemos nada que no sea adecuado o cosas que van más allá de los límites de nuestra posición. Por ejemplo: supongamos que el líder de un grupo misionero le pide al administrador que haga cierto trabajo. Este administrador es alguien muy apasionado, y siente que posee una mejor idea, por ello cambia algunas cosas a su discreción y realiza el trabajo de acuerdo a los cambios. Entonces, a pesar de que trabaja de manera apasionada, no guardó el orden al cambiar las cosas debido a la falta de dominio propio.

Dios nos puede considerar altamente cuando seguimos el orden de acuerdo a las diferentes posiciones en grupos misioneros de la iglesia, como presidente, vicepresidente, administrador, secretaria o tesorero. Es posible que nuestros líderes tengan diferentes maneras a las nuestras de hacer las cosas. Entonces, a pesar de que nuestras propias formas se ven mucho mejor y producirán mucho más fruto, no podemos dar buenos frutos si el orden y la paz se quebranta. Satanás siempre interviene cuando la paz es quebrantada, y la obra de Dios se ve afectada. A menos que una cosa determinada sea completamente falsa, tenemos que pensar en todo el grupo, y obedecer y buscar la paz de acuerdo con el orden de modo que todo se pueda hacer bien.

En segundo lugar, podemos considerar el contenido, el calendario y la ubicación incluso cuando hacemos algo bueno.

Por ejemplo: clamar en oración es algo bueno, pero si usted

clama en cualquier lugar al azar y sin discreción, pueda deshonrar a Dios. Además, cuando predica el evangelio o visita a algún miembro para ofrecer guía espiritual, usted debe tener el discernimiento de las palabras que pronuncia. Aunque usted comprenda algunos asuntos espirituales profundos, no puede simplemente compartirlos con cualquier persona Si comparte algo que no se ajusta a la medida de la fe de quien escucha, entonces puede causar que la persona tropiece o que juzgue y condene.

En algunos casos, una persona puede dar su testimonio o compartir lo que él ha entendido espiritualmente a las personas que están ocupados con otro trabajo. A pesar de que el contenido sea muy bueno, en realidad no podrá edificar a los demás a menos que sea compartido en una situación apropiada. A pesar de que otros podrían estar escuchando para no ser groseros con él, realmente no pueden prestar atención sobre el testimonio debido a que ellos están ocupados y nerviosos. Permítame darle otro ejemplo. Cuando toda una zona o un grupo de personas tienen una reunión conmigo por consejería, y si una persona sigue hablando acerca de sus testimonios, ¿qué pasaría con esa reunión? Esa persona estaría dando gloria a Dios porque está llena de gracia y del Espíritu. Sin embargo, como resultado, esta persona está utilizando personalmente todo el tiempo que se asigna para todo el grupo, y esto se debe a la falta de dominio propio. Aunque usted realice algo de manera excelente, debe considerar todo tipo de situación y tener dominio propio.

En tercer lugar, no estamos impacientes o en un apuro, sino en calma por lo que somos capaces de reaccionar a cada

situación con discernimiento.

Aquellos que no tienen dominio propio, son impacientes y no tienen consideración con los demás. Como son apresurados, tienen menos poder de discernimiento, y pueden pasar por alto algunos aspectos importantes. Se apresuran a juzgar y condenar, lo que causa malestar a las demás personas. Aquellos que son impacientes cuando escuchan o responden a otros, cometen muchos errores. No debemos interrumpir cuando alguien más se encuentra hablando. Debemos escuchar con atención hasta el final para que podamos evitar conclusiones apresuradas. Además, de esta manera podemos entender la intención de esa persona y en consecuencia reaccionar a ello.

Antes de que Pedro recibiera el Espíritu Santo, él tenía un carácter impaciente y extrovertido. Él intentaba desesperadamente controlarse a sí mismo ante Jesús, pero aun así, a veces su carácter era revelado. Cuando Jesús le dijo a Pedro que él lo negaría antes de la crucifixión, Pedro inmediatamente refutó lo que dijo Jesús diciendo que él nunca negaría al Señor.

Si Pedro hubiera tenido el fruto del dominio propio, no habría tenido un desacuerdo con Jesús, sino que habría tratado de encontrar la respuesta correcta. Si sabía que Jesús es el Hijo de Dios, y que Él nunca diría algo sin sentido, debería haber guardado las palabras de Jesús en su mente. Al hacer esto, podría haber sido lo suficientemente prudente para que esto no sucediera. El discernimiento adecuado que nos permite reaccionar apropiadamente proviene del dominio propio.

Los judíos tuvieron mucho orgullo de sí mismos. Eran tan orgullosos que guardaban la ley de Dios estrictamente, y desde que

Jesús reprendió a los fariseos y saduceos, quienes eran los líderes políticos y religiosos, ellos no pudieron tener sentimientos favorables hacia Él. Especialmente cuando Jesús dijo que Él era el Hijo de Dios, ellos lo consideraron como una blasfemia. En ese tiempo, la fiesta judía de los Tabernáculos estaba cerca. Alrededor de la época de la cosecha, ellos colocaban los tabernáculos para recordar el Éxodo y dar gracias a Dios. Las personas normalmente subían a Jerusalén para celebrar la festividad.

Sin embargo, Jesús no se estaba dirigiendo a Jerusalén a pesar de que la Fiesta se acercaba, y Sus hermanos le instaron a ir a Jerusalén, mostrar milagros y revelarse a sí mismo para ganar el apoyo de la gente (Juan 7:3-5). Le aconsejaron lo siguiente: *"Porque ninguno que procura darse a conocer hace algo en secreto"* (v. 4). A pesar de que hay algo que parece ser tan razonable, no tiene relación con Dios a menos que esté de acuerdo con Su voluntad. A causa de sus propios pensamientos, incluso los hermanos de Jesús pensaban que no era correcto cuando vieron a Jesús a la espera de Su tiempo en silencio.

Si Jesús no hubiera tenido dominio propio, habría subido a Jerusalén inmediatamente para revelarse a Sí mismo. Él no estaba temblando de miedo por las palabras de Sus hermanos. Él solo estaba esperando por el momento apropiado y para que la providencia de Dios fuera revelada. Y luego fue a Jerusalén en silencio pasando desapercibido por la gente después de que todos los hermanos se habían ido a Jerusalén. Actuó por la voluntad de Dios sabiendo exactamente cuándo ir y cuándo quedarse.

Si usted quiere tener el fruto del dominio propio

Cuando hablamos con otras personas, en muchas ocasiones sus palabras y lo más profundo del corazón son diferentes. Algunos tratan de revelar los defectos ajenos con el fin de encubrir sus propios errores. Pueden pedir algo para satisfacer su codicia, pero lo piden como si se tratara de una solicitud de alguien más. Parecen hacer una pregunta para entender la voluntad de Dios, pero en realidad, ellos están tratando de sacar la respuesta que quieren. Sin embargo, si con calma habla con ellos, podemos ver que su corazón es finalmente revelado.

Aquellos que poseen dominio propio no podrán ser sacudidos fácilmente por las palabras de otras personas. Pueden escuchar con calma a los demás y pueden discernir la verdad por las obras del Espíritu Santo. Si ellos disciernen con dominio propio y respuesta, pueden reducir muchos errores que pueden ser causados debido a las malas decisiones. En esa medida, tendrán la autoridad y el peso de sus palabras, por lo que sus palabras pueden tener un impacto más fuerte en los demás. Ahora, ¿cómo podemos producir este importante fruto del dominio propio?

Primero, debemos poseer un corazón inmutable.

Tenemos que cultivar corazones sinceros que no tienen falsedad o astucia. Entonces podemos tener el poder de hacer lo que decidamos hacer. Por supuesto, no podemos cultivar esta clase de corazón de la noche a la mañana. Tenemos que seguir formándonos nosotros mismos, comenzando por guardar nuestro corazón en las cosas pequeñas.

Había una vez un maestro y sus aprendices. Un día se encontraban pasando por un mercado; algunos de los comerciantes del mercado estaban teniendo un malentendido con ellos y comenzaron una discusión. Los discípulos se llenaron de ira y comenzaron la pelea, pero el maestro estaba en calma. Luego de regresar del mercado, sacó del armario un paquete de cartas. Las cartas contenían críticas sin fundamento acerca de él, y se las enseñó a sus discípulos.

Luego el maestro dijo: "No puedo evitar ser mal entendido. Sin embargo, yo no me preocupo por no ser comprendido por la gente. No puedo evitar la primera grosería que viene a mí, pero sí puedo evitar la locura de aceptar la segunda grosería."

Aquí, la primera grosería es llegar a ser un objeto de chismes de otras personas. La segunda grosería es tener sentimientos incómodos y entrar en discusiones y peleas a causa de este tipo de chismes.

Si podemos tener un corazón que es como el de este maestro, no seremos sacudidos por ningún tipo de situación, sino que seremos capaces de guardar nuestros corazones, y nuestras vidas estarán en paz. Aquellos que pueden guardar su corazón pueden controlarse a sí mismo en todas las cosas. En la medida en que nosotros desechemos toda clase de mal como el odio, la envidia y los celos, podemos recibir la confianza y ser amados por Dios.

Las cosas que mis padres me enseñaron en la infancia me han ayudado mucho en mi ministerio pastoral. Mientras me enseñaron acerca de las formas apropiadas de hablar, caminar, modales y comportamientos adecuados, he aprendido a guardar mi corazón y controlarme. Una vez que tomamos la decisión de cambiar, debemos mantenernos en ello y no cambiar siguiendo nuestro propio beneficio. A medida que acumulamos esos esfuerzos, vamos a llegar a tener un corazón inmutable y ganar el poder del dominio propio.

Después, debemos entrenarnos para escuchar los deseos del Espíritu Santo al no considerar nuestra propia opinión primero.

En la medida que aprendemos de la Palabra de Dios, el Espíritu Santo nos hace escuchar Su voz a través de la Palabra que hemos aprendido. Aunque seamos acusados erróneamente, el Espíritu Santo nos dice que perdonemos y amemos. Entonces, podemos pensar: 'Esta persona debe tener una buena razón para hacer lo que está haciendo. Voy a tratar de dejar que su malentendido desaparezca al tratar de razonar con él de una manera amistosa.' Pero si nuestro corazón tiene más falsedades, lo primero que vamos a oír es la voz de Satanás: 'Si lo dejo tranquilo, él me seguirá mirando con desprecio; lo mejor es que le enseñe una lección.' Incluso si pudiéramos escuchar la voz del Espíritu Santo, la pasaremos por desapercibida porque es demasiado débil en comparación con los malos pensamientos abrumadores.

Por consiguiente, podemos escuchar la voz del Espíritu Santo cuando de manera diligente desechemos las falsedades que están en nuestro corazón y guardemos la Palabra de Dios en él. Vamos a ser capaces de escuchar cada vez más la voz del Espíritu Santo a medida que obedecemos incluso la voz débil del Espíritu. Primero debemos intentar escuchar la voz del Espíritu Santo, en lugar de lo que creemos que es más urgente y lo que creemos que es bueno.

Luego, a medida que escuchamos Su voz y recibimos Su insistencia, tenemos que obedecer y ponerlo en práctica. A medida que nos entrenamos para prestar atención y obedecer los deseos del Espíritu Santo todo el tiempo, podremos ser capaces de discernir aún la voz débil del Espíritu Santo. Entonces, podremos tener armonía en todas las cosas.

En cierto sentido, podría parecer que el dominio propio tiene el carácter menos prominente entre los nueve frutos del Espíritu Santo. No obstante, es necesario en todas las áreas de los frutos. Es el dominio propio el que controla todos los demás frutos del Espíritu Santo: amor, gozo, paz, paciencia, benignidad, bondad, fidelidad y mansedumbre. Además, todas los otros ocho frutos llegarán a ser completos solo con el fruto del autocontrol, y es por esta razón que el dominio propio, el último de los frutos, es importante.

Cada uno de estos frutos del Espíritu Santo es más precioso y más bello que cualquiera de las piedras preciosas de este mundo. Podemos recibir todo lo que pedimos en oración y prosperaremos en todas las cosas, si tenemos los frutos del Espíritu Santo. También podemos revelar la gloria de Dios al manifestar el poder y la autoridad de la Luz en este mundo. Es mi anhelo que usted desee y posea los frutos del Espíritu Santo más que cualquier tesoro de este mundo.

Gálatas 5:22-23 (LBLA)

"Mas el fruto del Espíritu es

amor, gozo, paz, paciencia,

benignidad, bondad, fidelidad, mansedumbre, dominio propio;

contra tales cosas no hay ley."

Capítulo 11

Contra tales cosas no hay ley

Porque vosotros, hermanos, a libertad fuisteis llamados
Caminar por el Espíritu
El primero de los nueve frutos es el amor
Contra tales cosas no hay ley

Contra tales cosas no hay ley

El apóstol Pablo era un judío de judíos, él se dirigía a Damasco para arrestar a los cristianos. No obstante, mientras estaba viajando tuvo un encuentro con el Señor y luego se arrepintió. En ese momento no se dio cuenta de la verdad del evangelio en el que uno se salva por la fe en Jesucristo, no obstante, después de haber recibido el don del Espíritu Santo, llegó a liderar la evangelización de los gentiles por la guía del Espíritu Santo.

Los nueve frutos del Espíritu Santo se encuentran registrados en Gálatas 5, una de las epístolas. Si entendemos la situación de ese momento, podemos entender la razón por la que Pablo escribió Gálatas y lo importante que es para los cristianos llevar el fruto del Espíritu.

Porque vosotros, hermanos, a libertad fuisteis llamados

En su primer viaje misionero, Pablo se dirigió a Galacia. En la sinagoga, él no predicó la Ley de Moisés y la circuncisión, sino solo el evangelio de Jesucristo. Sus palabras fueron confirmadas por las señales, y muchas personas llegaron a la salvación. Los creyentes en la iglesia de Galacia lo amaban tanto que, si hubiera sido posible, se habrían sacado sus ojos para dárselos a Pablo.

Después de que Pablo terminara con su primer viaje misionero y regresara a Antioquía, surgió un problema en la iglesia. Algunas personas llegaron desde Judea y le enseñaban a los gentiles que debían circuncidarse para recibir la salvación. Pablo y Bernabé tuvieron disensiones y debatieron con ellos.

Los hermanos determinaron que Pablo y Bernabé y algunos

más, subieran a Jerusalén a los apóstoles y a los ancianos para tratar esta cuestión. Sentían la necesidad de llegar a una conclusión acerca de la ley de Moisés, mientras predicaban del evangelio a los gentiles, tanto en la iglesia de Antioquía como la de Galacia.

En Hechos 15 se representa las situaciones antes y después del Concilio de Jerusalén, y de esto se puede inferir qué tan grave era la situación en ese momento. Los apóstoles, que eran los discípulos de Jesús, los ancianos y los representantes de la iglesia, se reunieron y tuvieron acaloradas discusiones, y llegaron a la conclusión de que los gentiles tenían que abstenerse de cosas contaminadas por los ídolos, de fornicación, de lo estrangulado y de sangre.

Enviaron a los hombres a Antioquía para entregar la carta oficial que escribió sobre la conclusión del Consejo, ya que Antioquía era el lugar central de la evangelización de los gentiles. Ellos dieron un poco de libertad a los gentiles en guardar la Ley de Moisés, ya que sería muy difícil para ellos mantener la ley al igual que los judíos. De esta manera, cualquier gentil podía recibir la salvación al creer en Jesucristo.

Hechos 15:28-29 dice: *"Porque ha parecido bien al Espíritu Santo, y a nosotros, no imponeros ninguna carga más que estas cosas necesarias: que os abstengáis de lo sacrificado a ídolos, de sangre, de ahogado y de fornicación; de las cuales cosas si os guardareis, bien haréis. Pasadlo bien."*

La conclusión del Consejo de Jerusalén fue entregada a las iglesias, pero los que no entendieron la verdad del evangelio y el camino de la cruz, continuaron enseñando en las iglesias que los creyentes debían seguir guardando la Ley de Moisés. Algunos falsos profetas también entraron en la iglesia y motivaron a los creyentes a que criticaran al apóstol Pablo quien no enseñaba la ley.

Cuando un incidente de este tipo ocurrió en la iglesia de Galacia, el apóstol Pablo explicó en su carta acerca de la verdadera libertad de los cristianos. Al decir que él solía guardar la Ley de Moisés, de manera muy estricta, pero que se convirtió en un apóstol de los gentiles, después de tener un encuentro con el Señor, les enseñó la verdad del evangelio diciéndoles: *"Esto solo quiero saber de vosotros: ¿Recibisteis el Espíritu por las obras de la ley, o por el oír con fe? ¿Tan necios sois? ¿Habiendo comenzado por el Espíritu, ahora vais a acabar por la carne? ¿Tantas cosas habéis padecido en vano? si es que realmente fue en vano. Aquel, pues, que os suministra el Espíritu, y hace maravillas entre vosotros, ¿lo hace por las obras de la ley, o por el oír con fe?"* (Gálatas 3:2-5)

Afirmó que el Evangelio de Jesucristo que él enseñó, es cierto porque era la revelación de Dios, y que la razón por la que los gentiles no tenían que circuncidar su cuerpo, era porque lo importante era circuncidar su corazón. También les enseñó acerca de los deseos de la carne y los del Espíritu Santo, y acerca de las obras de la carne y los frutos del Espíritu Santo. Era para hacerles entender la forma en que se suponía que debían usar su libertad que obtuvieron por la verdad del evangelio.

Caminar por el Espíritu

Entonces, ¿cuál fue la razón por la que Dios dio la Ley de Moisés? Fue porque las personas eran malvadas y no podían reconocer los pecados como tales. Dios permitió que ellos tuvieran un entendimiento acerca de los pecados, y dejar que resuelvan el problema de los pecados y llegar a la justicia de Dios. No obstante, el problema de los pecados no podían ser resuelto por completo por las obras de la Ley y, por esta razón, Dios permitió que las personas llegaran a la justicia de Dios por la fe en Jesucristo. En Gálatas 3:13-14 leemos: *"Cristo nos redimió de la maldición de la ley, hecho por nosotros maldición (porque está escrito: Maldito todo el que es colgado en un madero), para que en Cristo Jesús la bendición de Abraham alcanzase a los gentiles, a fin de que por la fe recibiésemos la promesa del Espíritu."*

Ahora, esto no significa que la ley fue abolida. Jesús, en Mateo 5:17, dijo: *"No penséis que he venido para abrogar la ley o los profetas; no he venido para abrogar, sino para cumplir"*, y en el versículo 20, dijo: *"Porque os digo que si vuestra justicia no fuere mayor que la de los escribas y fariseos, no entraréis en el reino de los cielos."*

El apóstol Pablo dijo a los creyentes de la iglesia de Galacia: *"Hijitos míos, por quienes vuelvo a sufrir dolores de parto, hasta que Cristo sea formado en vosotros"* (Gálatas 4:19), y en conclusión les aconsejó diciéndoles: *"Porque vosotros, hermanos, a libertad fuisteis llamados; solamente que no uséis la libertad como ocasión para la carne, sino servíos por amor los unos a los otros. Porque toda la ley en esta sola palabra se cumple: Amarás a tu prójimo como a ti mismo. Pero si os mordéis y os coméis unos a otros, mirad que también no os consumáis unos a otros"* (Gálatas 5:13-15).

Como hijos de Dios que han recibido el Espíritu Santo, ¿qué

tenemos que hacer con el fin de servir a los demás a través del amor, hasta que Cristo sea formado en nosotros? Tenemos que caminar por el Espíritu Santo, de modo que no llevemos a cabo los deseos de la carne. Podemos amar a nuestro prójimo y tener el carácter de Cristo en nosotros, si poseemos los nueve frutos del Espíritu Santo a través de Su dirección.

Jesucristo recibió la maldición de la ley y murió en la cruz, aunque Él era inocente, y por medio de quien obtuvimos la libertad. Para que nosotros no nos convirtamos nuevamente en esclavos del pecado, debemos dar el fruto del Espíritu.

Si nuevamente cometemos pecados con esta libertad y crucificamos al Señor al cometer las obras de la carne, no podremos heredar el reino de Dios. Por el contrario, si podemos producir el fruto del Espíritu al caminar con Él, Dios nos protegerá para que el enemigo diablo y Satanás no nos pueda hacer daño. Además de ello, recibiremos todo lo que pidamos en oración.

"Amados, si nuestro corazón no nos reprende, confianza tenemos en Dios; y cualquiera cosa que pidiéremos la recibiremos de él, porque guardamos sus mandamientos, y hacemos las cosas que son agradables delante de él. Y este es su mandamiento: Que creamos en el nombre de su Hijo Jesucristo, y nos amemos unos a otros como nos lo ha mandado" (1 Juan 3:21).

"Sabemos que todo aquel que ha nacido de Dios, no practica el pecado, pues Aquel que fue engendrado por Dios le guarda, y el maligno no le toca" (1 John 5:18).

Podemos dar el fruto del Espíritu y disfrutar de la libertad como cristianos, cuando poseemos la fe para caminar en el Espíritu y la fe que obra por medio del amor.

El primero de los nueve frutos es el amor

El primero de los nueve frutos del Espíritu, es el amor. El amor como se refleja en 1 Corintios 13, es aquel amor para cultivar el amor espiritual, mientras que el amor como uno de los frutos del Espíritu Santo se encuentra en un nivel más alto; es un amor sin límites y sin fin que cumple la ley. Es el amor de Dios y de Jesucristo. Si nosotros poseemos este tipo de amor, podemos sacrificarnos a nosotros mismos por medio de la ayuda del Espíritu Santo.

Podemos producir el fruto del gozo en la medida que cultivemos este amor, y así podemos regocijarnos y alegrarnos en todo tipo de circunstancias. De esta manera, no tendremos ningún problema con nadie, y podremos dar el fruto de la paz.

Al guardar la paz con Dios, con nosotros mismos y con todas las demás personas, podremos naturalmente tener el fruto de la paciencia. El tipo de paciencia que Dios quiere implica que nosotros ni siquiera tengamos que lidiar con nada ya que poseemos completa bondad y verdad en nuestras vidas. Si tenemos amor verdadero, podremos entender y aceptar a cualquier tipo de persona sin tener ningún mal sentimiento. Por consiguiente, no tendríamos que perdonar o tolerar cosas en nuestro corazón.

Cuando somos pacientes con otras personas con bondad, podemos dar el fruto de la benignidad. Si con la bondad somos incluso pacientes con aquellos que realmente no podemos comprender, entonces podremos mostrarles benignidad a dichas personas. Incluso si estas personas hacen cosas que están completamente fuera de lo normal, podremos entender su punto de vista y aceptarlas.

Aquellos que dan el fruto de la benignidad también tendrán bondad. Considerarán a las demás personas mejores que a sí mismos y velarán por los intereses de los demás, así como los suyos propios. No discuten con nadie y tampoco levantan la voz. Tendrán el corazón del Señor que no corta la caña cascada ni apaga a la persona que son como un pábilo que humea. Si usted puede dar este fruto de la bondad, no insistirá en sus propias opiniones, más bien, será fiel en toda la casa de Dios y también será una persona amable.

Aquellos que son amables, no se convierten en un obstáculo para nadie y pueden tener paz con todos y, debido a que poseen un corazón generoso, no juzgan ni condenan, sino que solamente entienden y aceptan a los demás.

Para poder tener el fruto del amor, gozo, paz, paciencia, benignidad, bondad, fidelidad y mansedumbre en armonía, debemos poseer dominio propio. La abundancia en Dios es buena, pero las obras de Dios deben cumplirse siguiendo un orden. Para ello necesitamos de dominio propio para no exagerar nada, incluso si es algo bueno. Al seguir de esta manera la voluntad del Espíritu Santo, Dios causa que todo obre para bien.

Contra tales cosas no hay ley

El Consolador, el Espíritu Santo, guía a los hijos de Dios a toda verdad para que puedan disfrutar de la libertad y la felicidad. La verdadera libertad, es la salvación de los pecados y del poder de Satanás que intenta detenernos de servir a Dios y disfrutar una vida llena de felicidad. También es la felicidad obtenida por tener comunión con Dios.

Como está registrado en Romanos 8:2 que dice: *"Porque la ley del Espíritu de vida en Cristo Jesús me ha librado de la ley del pecado y de la muerte"*, es la libertad que se puede obtener solo cuando creemos en Jesucristo con nuestro corazón y caminamos en la Luz. Esta libertad no puede ser alcanzada mediante la fuerza de las personas. Nunca se puede obtener sin la gracia de Dios, y es una bendición que podamos disfrutarla continuamente, siempre y cuando mantengamos nuestra fe.

Jesús también dijo en Juan 8:32: *"...y conoceréis la verdad, y la verdad os hará libres."* La libertad es la verdad y es inmutable; se convierte en vida para nosotros y nos conduce a la vida eterna. No hay ninguna verdad en este mundo que perece y cambia, solo la inmutable Palabra de Dios es la verdad. Conocer la verdad es aprender la Palabra de Dios, tenerla presente y ponerla en práctica.

Sin embargo, es posible que no siempre sea fácil poner en práctica la verdad. Las personas poseen las falsedades que han aprendido antes de llegar a conocer a Dios, y tales falsedades les impiden practicar la verdad. La ley de la carne que desea seguir la falsedad, y la ley del Espíritu de vida que desea seguir la verdad, pelearán entre sí (Gálatas 5:17). Esta es la batalla para obtener la libertad de la verdad. Esta batalla permanecerá hasta que nuestra fe sea firme y nos paremos sobre la roca de la fe que jamás es sacudida.

A medida que nos paramos sobre la roca de la fe, se hará más fácil pelear la buena batalla. Cuando nos despojamos de toda maldad y llegamos a santificarnos, es finalmente en ese momento que podremos disfrutar de la libertad y la verdad. Ya no tendremos que pelear la buena batalla porque solo practicaremos la verdad en todo tiempo. Si tenemos los frutos del Espíritu Santo por Su guía, nadie puede impedirnos tener la libertad de la verdad.

Es por ello que en Gálatas 5:18 leemos: *"Pero si sois guiados por el Espíritu, no estáis bajo la ley"*, y en los siguientes versos 22-23 (LBLA) leemos: *"Mas el fruto del Espíritu es amor, gozo, paz, paciencia, benignidad, bondad, fidelidad, mansedumbre, dominio propio; contra tales cosas no hay ley."*

El mensaje sobre los nueve frutos del Espíritu Santo es la clave para abrir la puerta de las bendiciones. Mas solo porque tenemos la llave de la puerta de las bendiciones no simplemente se abrirá por sí misma. Debemos colocar la llave en la cerradura y luego abrirla, esto mismo se aplica a la Palabra de Dios. No importa lo mucho que la escuchemos, aún no es completamente nuestra. Podemos recibir las bendiciones contenidas en la Palabra de Dios solo cuando la ponemos en práctica.

Mateo 7:21 dice: *"No todo el que me dice: Señor, Señor, entrará en el reino de los cielos, sino el que hace la voluntad de mi Padre que está en los cielos."* En Santiago 1:25 leemos: *"Mas el que mira atentamente en la perfecta ley, la de la libertad, y persevera en ella, no siendo oidor olvidadizo, sino hacedor de la obra, éste será bienaventurado en lo que hace."*

Para que nosotros podamos recibir el amor y las bendiciones de Dios, es muy importante poder comprender lo que son los frutos del Espíritu Santo, tenerlos siempre presentes y en realidad poder dar dichos frutos al poner en práctica la Palabra de Dios. Si nosotros tenemos todos los frutos del Espíritu Santo por poner en práctica completamente la verdad, podremos disfrutar de la verdadera libertad en la verdad. Podremos escuchar claramente la voz del Espíritu Santo y ser guiados en todos nuestros caminos, por lo que prosperaremos en todos los aspectos. Ruego en el nombre del Señor que usted pueda disfrutar de mucho honor sobre la Tierra y también en la Nueva Jerusalén, nuestro destino final de la fe.

Acerca del autor:
Dr. Jaerock Lee

El Rev. Dr. Jaerock Lee nació en 1943 en Muan, Provincia de Jeonnam, República de Corea. A sus veinte años, él padeció de una serie de enfermedades incurables durante siete años, y al no tener ninguna esperanza de recuperación, él esperaba únicamente la muerte. Cierto día, durante la primavera de 1974, fue invitado por su hermana a una iglesia, y cuando se inclinó para orar, el Dios vivo inmediatamente lo sanó de todas sus enfermedades.

Desde el momento en que el Rev. Dr. Lee conoció a Dios a través de aquella experiencia maravillosa, él ha amado a Dios con todo su corazón y sinceridad. En 1978 él recibió el llamado a ser un siervo de Dios. Clamó fervientemente a fin de entender con claridad la voluntad de Dios y llevarla a cabo por completo, y obedeció a cabalidad la Palabra de Dios. En 1982 fundó la Iglesia Central Manmin en Seúl, Corea del Sur, e innumerables obras de Dios, incluyendo sanidades o prodigios milagrosos, han tomado lugar en la iglesia.

En 1986 el Rev. Dr. Lee fue ordenado como pastor en la Asamblea Anual de la Iglesia de Jesús de Sungkyul de Corea, y cuatro años más tarde sus sermones empezaron a ser transmitidos en Australia, Rusia, las Filipinas. Poco tiempo después muchos más países fueron alcanzados a través de la Compañía de Radiodifusión del Lejano Oriente, la Estación de Radiodifusión de Asia, y el Sistema Radial Cristiano de Washington.

Luego de transcurridos tres años, en 1993, la Iglesia Central Manmin fue denominada por la Revista *Christian World* de EE. UU. como una de las '50 Iglesias Principales del Mundo.' El mismo año el Dr. Lee obtuvo un Doctorado Honorario en Teología en Christian Faith College, Florida, EE. UU., y en 1996 obtuvo un Ph.D. en Ministerio en el Seminario Teológico de Kingsway en Iowa, EE. UU.

Desde 1993, el Rev. Dr. Lee ha tomado la batuta en el área de las misiones mundiales a través de cruzadas evangelísticas internacionales en Tanzania, Argentina, Los Ángeles, Baltimore, Hawái, y la ciudad de Nueva York en los Estados Unidos, Uganda, Japón, Pakistán, Kenia, las Filipinas, Honduras, India, Rusia, Alemania, Perú, República Democrática de Congo, Israel y Estonia.

En el año 2002 fue reconocido como 'Evangelista mundial', por su poderoso ministerio en varias cruzadas internacionales por varios periódicos en Corea. En particular, la 'Cruzada Nueva York 2006', celebrada en el Madison Square Garden, el estadio más famoso del mundo. Este evento fue transmitido a 220 países, y en la 'Cruzada Unida Israel 2009' realizada en el Centro Internacional de Convenciones (ICC por sus siglas en inglés) en Jerusalén, con valentía proclamó que Jesucristo es el único Salvador y Mesías.

Sus sermones son transmitidos a 176 naciones vía satelital incluyendo a GCN TV. Fue nombrado uno de los 'Los diez líderes cristianos con mayor influencia' en el año 2009 y 2010 consecutivamente, por la conocida revista cristiana *In Victory* y la agencia de noticias *Cristian Telegraph* por su poderoso ministerio televisivo y ministerio de cuidado pastoral a las iglesias extranjeras.

Hasta febrero de 2016, la Iglesia Central Manmin cuenta con una congregación de más de 120.000 miembros; tiene 10.000 iglesias filiales a nivel mundial; incluyendo 56 iglesias filiales locales y más de 102 misioneros que han sido comisionados a 23 países, entre ellos los Estados Unidos, Rusia, Alemania, Canadá, Japón, China, Francia, India, Kenia, y muchos más.

Hasta la fecha de esta publicación, el Dr. Lee ha escrito 88 libros, incluyendo algunos en lista de superventas de librería tales como *Gozando de la Vida Frente a la Muerte*, *Mi Vida Mi Fe I y II*, *El Mensaje de la Cruz*, *La Medida de Fe*, *Cielo I y II*, *Despierta Israel* y *El Poder de Dios*. Sus obras han sido traducidas a más de 76 idiomas.

Sus editoriales cristianos se publican en los diarios *The Hankook Ilbo*, *The JoongAng Daily*, *The Chosun Ilbo*, *The Dong-A Ilbo*, *The Munhwa Ilbo*, *The Seoul Shinmun*, *The Kyunghyang Shinmun*, *The Hankyoreh Shinmun*, *The Korea Economic Daily*, *The Korea Herald*, *The Shisa News*, y *The Christian Press*.

El Dr. Lee es actualmente el líder de muchas organizaciones y asociaciones misioneras, entre ellas: Presidente de la Iglesia de la Santidad Unida de Jesucristo, Presidente vitalicio de la Asociación de Avivamiento y Misiones Cristianas Mundiales, Fundador y Presidente de la Red Cristiana Mundial (GCN por sus siglas en inglés), Fundador y Presidente de la Junta de la Red Mundial de Médicos Cristianos (WCDN por sus siglas en inglés), y Fundador y Presidente de la Junta del Seminario Internacional Manmin (MIS por sus siglas in inglés).

Otros libros poderosos del mismo autor:

Cielo I & II

Una descripción detallada del maravilloso y vívido ambiente que los ciudadanos del Cielo disfrutarán en los cinco niveles del Reino de los Cielos, además de una hermosa descripción de cada uno de ellos.

El Mensaje de la Cruz

Un poderoso mensaje de avivamiento para todos aquellos que están espiritualmente adormecidos. En este libro encontrará la razón por la que Jesús es el único Salvador y es el verdadero amor de Dios.

Infierno

Un sincero y ferviente mensaje de Dios para toda la humanidad. ¡Dios desea que ningún alma caiga en las profundidades del infierno! Usted descubrirá una descripción nunca antes revelada de la cruel realidad del Hades y del Infierno.

Espíritu, Alma y Cuerpo I & II

Una guía que otorga comprensión espiritual del espíritu, el alma y el cuerpo y ayuda a descubrir el tipo de 'persona' que hemos llegado a ser, para que podamos obtener el poder para derrotar a las tinieblas y convertirnos en personas del espíritu.

La Medida de Fe

¿Qué tipo de lugar celestial y qué tipo de corona y recompensas están preparadas para usted en el Cielo? Este libro proporciona la sabiduría y guía para que usted mida su fe y cultive una fe mejor y más madura.

¡Despierta Israel!

¿Por qué ha mantenido Dios sus ojos sobre el pueblo de Israel desde el principio del mundo hasta hoy? ¿Qué tipo de providencia ha preparado Dios para Israel en los últimos días mientras esperan al Mesías?

Mi Vida, Mi Fe I & II

La autobiografía del Dr. Jaerock Lee proporciona un fragante aroma espiritual a los lectores a través de su vida extraída del amor de Dios que brotó en medio de olas oscuras, un yugo frío y la mayor desesperación.

El Poder de Dios

Un libro que toda persona debe leer, ya que sirve como una guía esencial por medio de la cual podemos llegar a poseer fe verdadera, además de experimentar el maravilloso poder de Dios.

www.urimbooks.com

www.ingramcontent.com/pod-product-compliance
Lightning Source LLC
LaVergne TN
LVHW010318070526
838199LV00065B/5599